問題解決法

問題の発見と解決を通じた
組織能力構築

(社)日本品質管理学会 監修
猪原 正守 著

日本規格協会

JSQC選書
JAPANESE SOCIETY FOR
QUALITY CONTROL

17

JSQC 選書刊行特別委員会

(50音順,敬称略,所属は発行時)

委員長	飯塚　悦功	東京大学大学院工学系研究科
委　員	岩崎日出男	近畿大学理工学部機械工学科
	上野　陽一	財団法人日本規格協会
	長田　　洋	東京工業大学大学院イノベーションマネジメント研究科
	久保田洋志	広島工業大学工学部機械システム工学科
	鈴木　和幸	電気通信大学電気通信学部システム工学科
	中條　武志	中央大学理工学部経営システム工学科
	永田　　靖	早稲田大学創造理工学部経営システム工学科
	福丸　典芳	有限会社福丸マネジメントテクノ
	宮村　鐵夫	中央大学理工学部経営システム工学科

●執筆者●

猪原　正守　大阪電気通信大学情報通信工学部情報工学科

発刊に寄せて

　日本の国際競争力は，BRICs などの目覚しい発展の中にあって，停滞気味である．また近年，社会の安全・安心を脅かす企業の不祥事や重大事故の多発が大きな社会問題となっている．背景には短期的な業績思考，過度な価格競争によるコスト削減偏重のものづくりやサービスの提供といった経営のあり方や，また，経営者の倫理観の欠如によるところが根底にあろう．

　ものづくりサイドから見れば，商品ライフサイクルの短命化と新製品開発競争，採用技術の高度化・複合化・融合化や，一方で進展する雇用形態の変化等の環境下，それらに対応する技術開発や技術の伝承，そして品質管理のあり方等の問題が顕在化してきていることは確かである．

　日本の国際競争力強化は，ものづくり強化にかかっている．それは，"品質立国"を再生復活させること，すなわち"品質"世界一の日本ブランドを復活させることである．これは市場・経済のグローバル化のもとに，単に現在のグローバル企業だけの課題ではなく，国内型企業にも求められるものであり，またものづくり企業のみならず広義のサービス産業全体にも求められるものである．

　これらの状況を認識し，日本の総合力を最大活用する意味で，産官学連携を強化し，広義の"品質の確保"，"品質の展開"，"品質の創造"及びそのための"人の育成"，"経営システムの革新"が求められる．

"品質の確保"はいうまでもなく，顧客及び社会に約束した質と価値を守り，安全と安心を保証することである．また"品質の展開"は，ものづくり企業で展開し実績のある品質の確保に関する考え方，理論，ツール，マネジメントシステムなどの他産業への展開であり，全産業の国際競争力を底上げするものである．そして"品質の創造"とは，顧客や社会への新しい価値の開発とその提供であり，さらなる国際競争力の強化を図ることである．これらは数年前，(社)日本品質管理学会の会長在任中に策定した中期計画の基本方針でもある．産官学が連携して知恵を出し合い，実践して，新たな価値を作り出していくことが今ほど求められる時代はないと考える．

　ここに，(社)日本品質管理学会が，この趣旨に準じて『JSQC選書』シリーズを出していく意義は誠に大きい．"品質立国"再構築によって，国際競争力強化を目指す日本全体にとって，『JSQC選書』シリーズが広くお役立ちできることを期待したい．

2008年9月1日

社団法人経済同友会代表幹事
株式会社リコー代表取締役会長執行役員
(元 社団法人日本品質管理学会会長)

桜井　正光

まえがき

　2010年には中国が米国を抜いて世界最大の自動車購入国となった．また，BRICsに象徴される新興工業国の台頭によって工業国地図の変動が現実のものとなってきた．その中で日本の企業が生き残りを図っていくためには，競合他社を凌駕できる一流技術に基づく製品やサービスの具現化に加え，他社には実現できない切削加工技術・技能によってコスト競争力を磨いていく必要がある．また，持続的成長を続けるには，社会における自社の存在感を維持・拡大し続けることが必要であり，そのためには，社会が求めるよい製品やサービスをより求めやすい価格で，必要なときに必要な数・量を提供することによって適正な利益を獲得し続ける必要がある．すなわち，組織として競争優位能力である"対応力"，"技術力"，"活力"を向上し続ける必要がある．

　また，利益追求のみでなく，株主，関連企業，地域産業，地域社会，国際社会の発展に寄与するとともに，社員がよき社会人となり，よき企業人に育ち・育ったと実感できる組織とする必要がある．そこでは，製品やサービスの質，ビジネスプロセスの質などの競争優位要因と，技術力，対応力，活力などの組織能力を向上し続けることが求められる．そうした競争優位要因と組織能力の向上は，企業のあらゆる階層における全員参加の問題解決による継続的改善を通じた"ひと"の育成によってのみ実現できる．

　問題解決法に関して記述した書籍は，品質管理の分野における和

書に限ったとしても，列挙できないほどの数になると思われる．しかも，それらの書籍の中には，(故)石川馨氏による名著『品質管理入門』，細谷克也氏によるベストセラー『問題解決力を高める QC 的問題解決法』と『QC 七つ道具（やさしい QC 手法演習）』，狩野紀昭氏による『現状打破・創造への道―マネジメントのための課題達成型 QC ストーリー』，久米均氏による『品質による経営』，飯塚悦功氏編，TQM 委員会編著による『TQM―21 世紀の総合「質」経営』などの名著が並ぶ．最近では，飯塚悦功氏による『現代品質管理総論』や(社)日本品質管理学会編による『新版　品質保証ガイドブック』をはじめとして本シリーズの各書まで，品質マネジメントの視点に始まり人材育成の視点まで，幅広い視点から出版されている．また，大前研一・齋藤顕一による『実践！問題解決法』では，経営戦略論を含むビジョン・戦略的意思決定（経営戦略論）の管理的問題解決について入門的な解説がなされている．そうした状況において，本書は，"組織能力としての'ひと'の育成"をねらった問題解決法を中心として執筆した．執筆の目的が達成されたかどうかは読者の批判を待ちたいが，至らなかったとすれば筆者の浅学の所以である．

　本書は，日本品質管理学会が JSQC 選書における目的達成の一翼を担うものとして，問題解決に関するテーマを扱う．しかし，私たちにとって問題とは，日常生活における身近なものから国際政治における複雑なものまで，その範囲は極めて広い．そのため，執筆を担当することになったときの最大の悩みは，"本書の読者としてどのような方を想定するか" ということであった．ここでは，企

業における第一線の管理者・スタッフが遭遇する問題を中心として記述している．しかし，その内容は品質管理に従事する方のみでなく，初等中等教育に関係する読者にも理解できるように配慮したつもりである．

　本書の執筆を勧めていただいた東京大学大学院・飯塚悦功先生に感謝申し上げる．飯塚先生には，筆者がSQCの研究を志した当初から，企業における実践研究をはじめとして，暖かくも厳しく指導していただいた．今回の出版を迎えることができたのは一重に飯塚教授のご指導に負うものである．また，筆者を品質管理の道へ誘ってくださった(故)大阪電気通信大学・納谷嘉信先生にも深く感謝申し上げたい．先生には，筆者が大阪大学大学院生のころより，多変量解析と新QC七つ道具の関係に対する研究から企業における品質管理の実践指導までご指導いただいた．筆者が品質管理の世界で微力ながら貢献できているとすれば，先生のご指導の賜物である．

　最後に，本書の出版にあたって，初稿の校正段階から熱心にアドバイスをいただいたJSQC選書編集委員会の委員の方々の手厳しくも暖かいコメントに対して感謝を申し上げる．

2011年11月吉日

猪原　正守

目　　次

発刊に寄せて
まえがき

第1章　問題解決の意義

1.1　問題とは …………………………………………………… 13
1.2　問題解決の目的 …………………………………………… 14

第2章　問題の分類と解決法

2.1　あるべき姿のあり方による分類 ………………………… 26
2.2　問題解決の視点による分類 ……………………………… 27
2.3　現状との比較による分類 ………………………………… 31
2.4　問題発生のあり方による分類 …………………………… 40

第3章　問題解決の考え方と手順

3.1　応急処置, 恒久処置及び未然防止処置 ………………… 43
3.2　問題解決の手順 …………………………………………… 45

第 4 章 問題解決に求められる能力とその構築法

- 4.1 求められる能力と構築法 …… 54
- 4.2 ベンチマークと重点指向によるテーマ選定力 …… 54
- 4.3 データ分析と理論考察による現状把握力 …… 57
- 4.4 QC 的ものの見方・考え方による要因の解析力 …… 64
- 4.5 系統図とマトリックス図活用による最適策の選定力 …… 71
- 4.6 アロー・ダイヤグラムや PDPC による詳細実施計画の作成力 …… 72
- 4.7 データ分析による効果の確認力 …… 73
- 4.8 源流指向による標準化力 …… 79

第 5 章 問題解決の実践事例

- 5.1 現状把握 …… 83
- 5.2 制約条件の理解 …… 90
- 5.3 潜在問題の理解 …… 90
- 5.4 メカニズム追究 …… 92
- 5.5 水平展開の問題 …… 93
- 5.6 因果関係の問題 …… 94

第 6 章 問題解決に有効な方法

- 6.1 QC 七つ道具 …… 97
- 6.2 新 QC 七つ道具 …… 97
- 6.3 統計的方法 …… 100
- 6.4 ギャップ分析法 …… 105

6.5	KT 法	106
6.6	ブレークスルー思考法	106
6.7	数理的な最適化法	109
6.8	野外科学法	110

第7章 問題解決を通じた組織能力構築とその向上

7.1	組織能力とは	113
7.2	組織能力の構築と向上	115
7.3	問題解決を通じた組織能力向上	121

引用・参考文献 125
あとがき 127
索 引 129

第1章 問題解決の意義

　本書における問題解決は，企業の株価・売上高・利益率といった経営基本管理項目や，製品・サービスなどの品質・原価・納期，それらを生みだすビジネスプロセスを含む企業活動とマネジメントシステム及び組織競争優位要因の構築などを対象としている．しかし，ここで扱う問題解決の本質は，初等中等教育における問題解決にもヒントを与えるものである．QC的問題解決法においてQCストーリーと呼ばれる問題解決手順，QC七つ道具，新QC七つ道具，統計的方法，実験計画法，多変量解析法，QFD，KT法，ブレークスルー思考法，信頼性工学，ORなどの方法が活用される．

　本章では，まず，"問題とは何か"，"問題解決の目的は何か"について考える．

1.1 問題とは

　我々は"問題がある"という言葉を無批判に口にする．しかし，"何が問題か？"と改めて問われると，その答えは百人百様なのかもしれない．問題解決において"問題がある"とは，図1.1が示すように，"あるべき姿と現状との間にギャップがあること"と定義される．つまり，将来の予測される状態と現状の比較や過去の状態

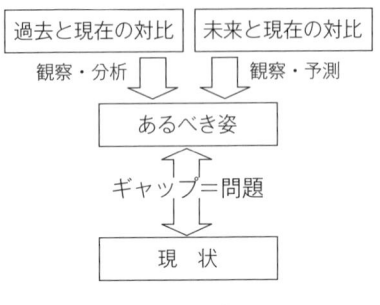

図 1.1 問題とは

と現状の分析から設定される"あるべき姿"と"現状"とのギャップとして定義されるのである［細谷[1]や谷津[2]］. たとえば,

- 歩留りの向上
- 環境負荷の低減
- 顧客満足度の向上

などが解消するべきギャップの例として考えられる.

1.2 問題解決の目的

"問題があることは悪いことである"と思われるかもしれない. しかし, 問題があれば, その根本原因を明らかにしたうえで, 新しい技術や方法あるいは設備などを開発, それらを適切に運用・管理できる"ひと"を教育訓練するプログラムを構築することで, 再発防止や他所への水平展開による未然防止を図ることができる. その意味で, "問題がある"ということは悪いことばかりではない. むしろ,

1.2 問題解決の目的

・環境変化に対応した会社や職場のあるべき姿を認識できていないため、問題のあることに気づいていない

・問題には気づいているが、未解決のままに放置されている

ことのほうが本当の問題であるかもしれない．

問題解決には、その活動を通じて、企業環境の構造的変化に対応した組織の競争優位要因（対応力、技術力、活力）を高めるという機能、特に、"ひと"を育成するという重要な機能をもっている．以下では、問題解決に求められる目的について考えてみる．

(1) 顧客価値極大化と資源極小化

企業活動においては、まず、顧客に提供する製品やサービス（以下、"製品"という）の付加価値と顧客満足の極大化、B2B型企業における顧客企業の売上高・利益高の極大化という課題を達成しなければならない．そのためには、企業として創造すべき顧客価値は"何か"を明らかにするという問題がある．

次に、顧客情報に基づいて、価値提供プロセスにおけるムダの削減と顧客機会の損失極小化という課題を達成する必要がある．そのためには、原材料・部品、補助材料、入力情報、参照情報、初期状態などの入力変換プロセスにおける人材、供給者・パートナー、知識・技術、設備・装置、施設、作業環境、支援プロセス、支援システム、エネルギーなどの資源極小化という問題を解決し続けなければならない（図1.2参照）．

(2) 継続的な新製品開発

前述の課題を達成するためには、機能・信頼性・経済性などの製品の有用性に優れ、操作性・安全性・感性などに代表される人間性

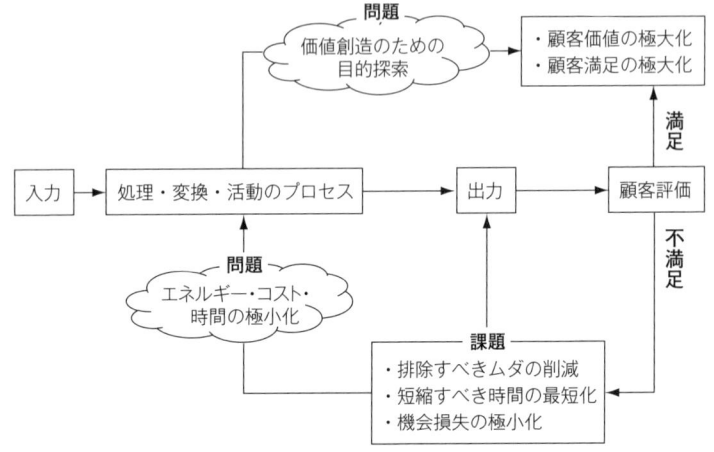

図 1.2 企業活動における課題と問題

に適合し,環境性や倫理性などの社会性に適合した製品を継続的に開発しなければならない.しかも,企業が持続的成長に不可欠な中長期経営目標を達成するため,それらの製品は有用性・人間性・社会性に加え,強い市場競争力と適正な原価をもったものでなければならない.すなわち,新製品開発において,"社会の期待する製品の継続的開発"と"適正な利益の確保"という二つの大命題を同時に実現する問題を解決しなければならない.

(3) プロセス管理計画の策定

前述の問題を解決するには,適切なプロセスの管理計画を策定しなければならない.そのためには,入力変換プロセスにおける資源・活動の状態にかかわる管理項目と出力特性との因果関係の明確化という問題を解決しなければならない.また,その結果として明

確になった因果関係に基づくプロセス条件を設定しなければならない．さらに，プロセス仕様・作業標準・業務マニュアルなど実施のための基準・標準が設計され，

① プロセス設計どおりに，"いつ，どこで，誰が，何を，なぜ（何のために），どのように"という5W1Hの設計
② プロセスの目標設定，活動状態を把握し，管理するための管理項目の設定
③ 管理項目の測定の仕方と管理範囲外の処置方法の設定
④ 関係者に対する能力要件を満たすための教育訓練プログラムの確立と実施

を通じて，適切なプロセス管理計画を策定しなければならない．

（4） 業務プロセスの見える化

プロセス管理計画が策定されると，その基準・標準に従った業務が実施される．しかし，管理基準外の事象発生を完全にゼロにすることは難しい．そのため，管理基準外の事象に対して迅速かつ正確な異常現象の解消を行うことのできる意欲・知識・技能をもった"ひと"を育成しなければならない．第一線職場におけるQCサークル活動に代表される小集団活動を通じた問題解決活動は，遠藤[3]のいう"見える化"を推進するエンジンとなる．そこでは，業務プロセスにおけるトラブルの種を早期発見し，問題解決を通じて，トラブル発生に至る前に未然防止できる体制が確立される（図1.3参照）．

（5） 環境変化に対応した組織構造の変革

企業は，自己を取り巻く環境変化へ的確に対応しなければならな

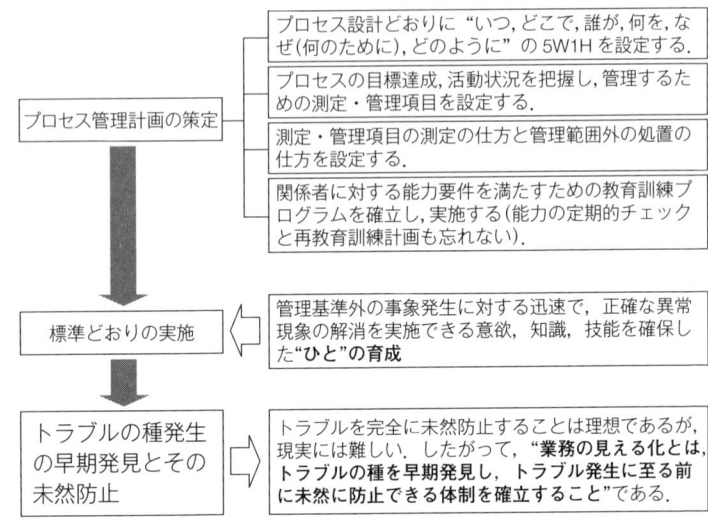

図1.3 問題解決と業務プロセスの見える化

い.そのため,企業を取り巻く環境の変化を主体的に認識して,自己の"あるべき姿"がどのように変化しているかを把握するとともに,自己組織の構造的変化によって生じている現状を認識する必要がある.そのとき明確となったギャップを定式化(=問題化)したうえで,その問題解決を通じて,組織構造を的確に変革する必要がある(図1.4参照).

(6) 再利用可能な知の獲得

問題解決活動は,組織として再利用可能な知の獲得を目指したものである.問題解決活動は,経済・社会・政治の構造的な変化に対する予測と洞察による"あるべき姿"と,(現実を延長したときの)現状の間にあるギャップとして問題を把握することから始ま

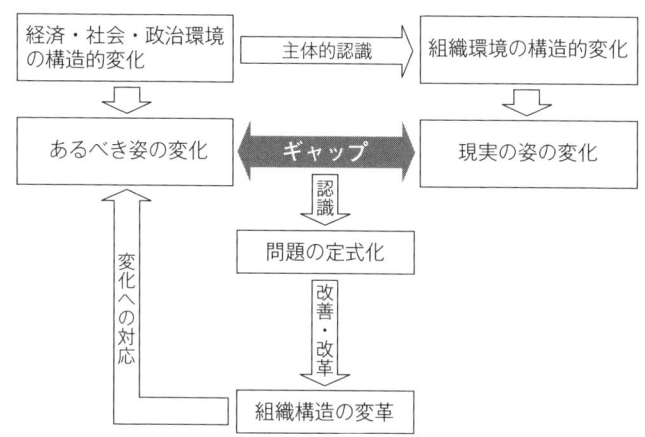

図 1.4 環境変化の認識と組織構造の変革

る．その際，2.1 節で述べる発生型問題においては，問題の発生原因とその発生メカニズムを明らかにしたうえで，原因の再発防止策や影響緩和策を検討するプロセスを通じて，組織として再利用可能な知の獲得がなされる．また，2.1 節で述べる設定型問題においては，他社や他所の成功事例のベンチマーキング，成功シナリオの作成，その仮想的効果予測を通じて再利用可能な知の獲得がなされる（図 1.5 参照）．

（7） 組織能力の向上

BRICs，ベトナム，タイなどに代表される新興工業国台頭，ビジネスのグローバル化と情報通信技術（ICT）の発展によって，市場環境は激変している．特に，製品の品質（Quality），原価（Cost），数・量・納期（Delivery）を中心とした競争要因の格差の縮小化，デジタル化による技術追随の容易化，代替製品とサービスの氾濫，

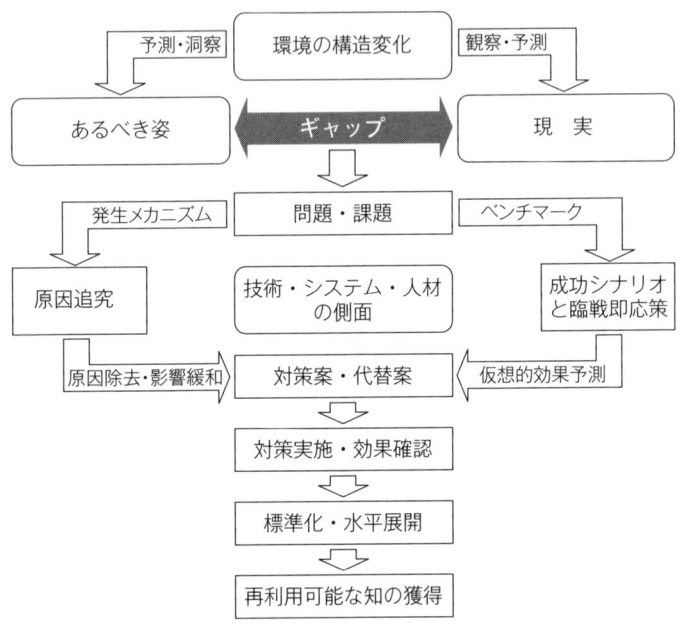

図 1.5 問題解決と再利用可能な知の獲得

消費者評価の激化などによって，これまでの"品質"を競争優位要因とした"品質立国日本"が迷走しているともいわれる．しかし，こうした環境にあっても，トヨタ，キヤノン，花王などに代表されるエクセレント企業は，着実に世界経済をリードしている．

そうしたエクセレント企業の経営戦略に共通する特徴は，安心・安全の提供を企業ブランドとし，付加価値・品質保証を商品ブランドとして，企業間競争優位要因の格差を地道に，コツコツと，継続的に改善・革新していることである．また，その基盤となる組織能力

- 製品とサービスの開発プロセスにおける対応力（スピード，柔軟性）
- 技術力（固有技術と管理技術）
- 組織活力（人間性尊重を基本としたコミュニケーション）

を，すべての階層における全員の参加した問題解決活動を通じて向上させている．

（a）対応力

環境変化と不確実性の増大，顧客からのスピード要求，情報通信技術革新，物流技術革新などによって，企業の環境変化に対する対応力が重要な競争優位要因となっている．これを獲得するためには，図 1.6 が示すように，

- 組織横断的なチーム活動（プロジェクト活動やクロスファンクショナル活動など）の積極的な活用
- 経営トップや部課長主導型の方針管理活動に代表される問題解決活動の活用
- 技術問題のスピード解決を目指した技術スタッフによるSQC 活動の活用

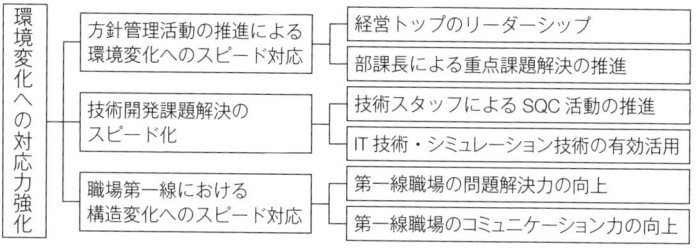

図 1.6 環境変化への対応強化策

- 職場第一線における三現主義に基づく "真実の瞬間" をとらえた小集団活動の活用

などにおける問題解決活動の展開が必要である．特に，QC サークル活動やチーム活動に代表される小集団活動を通じた職場第一線における問題解決力の向上が必要であって，"愚直に，コツコツと努力する組織風土（＝活力）" を DNA 化することが必要である．

(b) 技術力

問題解決とは，"あるべき姿" と "現状" のギャップに含まれる現象と状況に対する理解，そのギャップの発生メカニズムを説明する仮説の設定，事実（データ）による仮説の検証を通じた，最も妥当性のある対策の発想，理論的・経験的根拠に基づく効果確認から構成されると述べた．問題解決活動には，そのプロセスにおいて利用した方法論と仕組みの体系化，特に，"どのような条件で"，"何に対して"，"何を"，"どのようにすれば"，"どうなるか" を理論的・経験的に説明できる技術力の獲得を内含している．

(c) 活 力

顧客要求の多様化と高度化は，技術の複雑化・ブラックボックス化を引き起こした．また，企業活動のグローバル化による未知・未経験な問題の発生は，過去の延長上にない技術課題を引き起こしつつある．そうした結果，これまで以上に組織的な問題解決活動の推進，顧客提供価値の認識と競争能力の共有を通じた自発的な問題解決への取組みが求められている．あらゆる階層におけるすべての人が自発的行動力を高め，個々人の使命感・達成感・自己実現感を高めるとともに，人材育成の機能をもつ方針管理活動と日常管理活

1.2 問題解決の目的   23

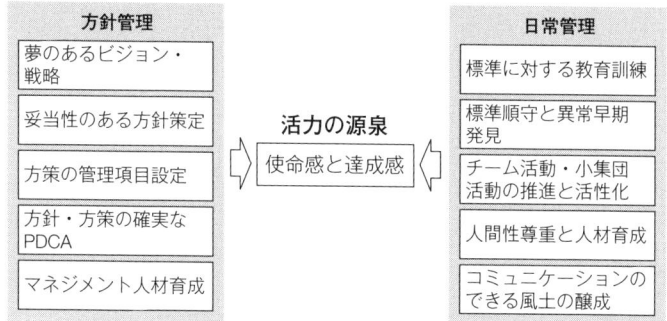

図 1.7 方針管理と日常管理

動における問題解決活動を推進することが望まれている(図 1.7 参照).

第2章 問題の分類と解決法

問題解決が対象とする問題は，表 2.1 のように，様々な視点から分類できる．ここでは，それらの分類における問題の特徴を考える．なお，以下では主に表 2.1 の 1～4 について述べる．

表 2.1 問題の分類

No.	視　点	内　容
1	あるべき姿のあり方	①発生型問題　②設定型問題
		①直面している問題　②与えられる問題　③探し出す問題
2	問題解決の視点	①原因追究問題　②手段発想型問題　③課題達成型問題　④目的探索型問題
3	現状との比較	①維持問題　②改善問題　③打破問題
4	問題の特性	①ゼロ問題　②低減問題　③増加問題
		①平均値の問題　②ばらつきの問題
5	問題発生のあり方	①慢性問題　②散発問題　③突発問題
6	問題の重要度	①重要問題　②致命的な問題　③軽微な問題
7	問題の対象	①特性（QCDSME）に関する問題 ②要因（5M1E1T）に関する問題
8	業務レベル	①プロセス問題　②管理問題　③調整問題　④適応問題　⑤変革問題　など
9	マネジメント要素	①企画・開発問題　②設計・技術問題　③生産問題　④営業・販売・サービス問題　⑤人事問題　⑥労務問題　⑦品質保証問題　⑧情報活用問題　⑨特許問題　など
10	推論法	①帰納的問題　②演繹的問題　③説明仮説形成的問題

あるべき姿のあり方による分類

問題には，それを特に意識しなくても認識できる発生型問題と，意識して"あるべき姿"を追求していないと認識できない設定型問題とがある．

(1) 発生型問題

ある樹脂製品の切断工程においては，製品の形状寸法に関する"あるべき姿"が製品規格として与えられている場合がある．この場合，切断工程から産出される樹脂材の形状寸法が規格内にあればよいが，規格外品が発生すれば不良品（"不適合品"というべきであるが，本書では慣習に従って"不良品"という）が発生したことになる．

このように，"あるべき姿"が明確になっている場合，現状を把握できる仕組みが構築されていれば，比較的簡単に問題も把握できる．また，そこでは，これまでの経験や技術に基づいた未然防止策が確立していることが多い．したがって，この種の問題解決においては，問題の根本原因である"なぜ(Why)"の究明に焦点が当てられる．

(2) 設定型問題

まったく同じ現状を見て，"問題はない"と考える人と"それは大変だ"と考える人がいる．この両者の違いは，どのような状態を"あるべき姿"と認識しているかによる．このように"あるべき姿"が規定されていない場合，そこに問題があるかどうかではなく，問題があると考えるかどうかが問われる．その意味で，この種

の問題解決における焦点は，"あるべき姿"である"何（What）"の明確化に向けられ，それを"どのようにして（How）"達成するかという手段の発想に向けられる．

2.2 問題解決の視点による分類

問題を効果的かつ効率的に解決するには，それぞれの問題に適したアプローチを採用しなければならない．ここでは，それらを表2.2の視点によって分類する．

表2.2 発生型問題と設定型問題の細分化

問 題		あるべき姿	解決方法	特徴
発生型問題	原因追究型問題	目標は規格値として与えられている．	規格値を満たすための標準やマニュアルも与えられている．したがって，問題解決の経験もあり，解決方法も確立している．	"なぜ（Why）"問題が発生するか．その根本原因の追究が問われる．
	手段発想型問題	目標は方針として与えられている．	未知・未経験な問題であるため，その解決方法が確立していない．	"どうすれば（How）"問題を解決できるか．その解決法の発想が問われる．
設定型問題	課題達成型問題	環境変化を考えると，現状の打破が求められる．	現状を満たすための標準やマニュアルも与えられているが，現状を打破するための解決方法は確立していない．	"何を(What)"，"どうすれば(How)"よいか，課題の設定と解決法の発想が問われる．
	目的探索型問題	環境変化によって，"何を"目的とすればよいかが不明．	中長期計画の策定におけるように，混沌とした未知・未経験な領域における目的の設定方法さえ確立していない．	"何を(What)"目的として設定するか，妥当な目的の設定が問われる．

(1) 原因追究型

現在の業務処理時間を維持することが"あるべき姿"であるというように、"あるべき姿"が現状の延長上にあることがある。また、過去に経験したものと同じ原因によってトラブルが発生したため、それを解決する固有技術が確立していることもある。こうした場合には、"あるべき姿"を実現する方法はほぼわかっていたり、問題解決の方法を明確にしたりすることができる。したがって、その指示どおりの方法を実施すれば、"あるべき姿"を実現できるはずであるが、"なぜか（Why）"それを実現できない。そこには、気づいていない"何か新しい問題や悪さがある"と思われる。それが何であるかを明らかにできれば、"あるべき姿"を実現することができる。

このように、"あるべき姿"が得られるはずなのに、なぜか実現できないという発生型問題の状況における問題解決においては、この"なぜ（Why）"を明らかにすることに焦点が向けられる。

(2) 手段発想型

ある部品の軽量化・小型化による原価低減の実現を、部品特性を従来レベルに維持した制約下で解決することを要請される場合がある。この場合、"あるべき姿"は現状の延長上になく、今の技術では"あるべき姿"を実現できないという問題がある。また、生産拠点の海外移転に伴って原材料の現地調達を行うという方針が決定されたけれども、これまでの生産方式では品質を維持することができないという場合もある。これも、未知・未経験で、技術・方法の確立していない問題である。

これらの問題は，"あるべき姿"が上位方針として与えられているという意味では，発生型問題の一つである．しかし，前述の原因追究型と違って，"あるべき姿"を実現できる技術や方法が未確定であるという特徴がある．この種の問題解決においては，"どのように（How）"すれば，"あるべき姿"を実現できるかという解決手段の発想に焦点が向けられる．

(3) 課題達成型

現在のお客様工事受付から工事着工までの業務プロセスに問題があるわけではない．しかし，顧客満足度のさらなる向上を考えたとき，現在の業務プロセスには削減できるムダが潜在しているかもしれない．この場合，社内トップレベルの他所や社外事例のベンチマーキングを通じて明らかとなった業務プロセスの"あるべき姿"と現状を対比する中で発見されたムダを削減することを考えることがある．

これは，"あるべき姿"を顧客視点やベンチマークとの比較視点から創出するという"設定型問題"である．設定された課題を達成するために必要な業務プロセスと現状を比較することで，問題解決の糸口（"攻め所"ともいう）を探し出すことに問題解決の焦点が当てられる．

(4) 目的探索型

2011年初頭にアフリカ北部で始まった民衆の自由獲得へのうねりは，中東諸国における不安定な政治情勢を引き起こし，世界的規模で，その影響が懸念されている．また，国内の政治状況も国会のねじれ現象によって不確実性を高めている．こうした企業を取り巻

く環境の不透明さによって，企業活動の"あるべき姿"を明確に描き切れない状況では，どのような"あるべき姿"を実現すべきかを経営首脳部たちが肝胆相照らして話し合う中で共有することが必要で，そうした議論の中から"何を（What）"目指すべきかという戦略を確立することが問題解決の起点となる．

これまでは，生産現場における品質管理に代表されるように，経験や固有技術が確立されているけれども，"なぜか（Why）"問題が発生するという場合が中心となっていたため，(1)の"原因追究型の問題解決力"が重視されてきた．しかし，顧客要求が多様化・複雑化し，グローバル競争が激化するとともに，これまでの経験や固有技術では解決できない問題に遭遇することが多くなり，(2)の"手段発想型の問題解決力"が求められるようになってきた．また，QCサークル活動における活動のマンネリ化を防止するとともに，活動のさらなる飛躍を期して，現状を打破する活動が注目され，(3)の"課題達成型"の問題解決が展開されてきた．さらに，部課長を中心とした方針管理活動において，混迷度を深める経済・社会・政治動向の中で，競争優位なビジネスモデルを構築することが求められるようになり，(4)の"目的探索型の問題解決力"が求められるようになってきた[*]．

---

[*] この意味において，方針管理活動に焦点が向けられるべきである．しかし，デミング賞実施賞挑戦企業においても，その活動は脆弱である．品質立国日本復興の最大の課題の一つかもしれない．

2.3　現状との比較による分類

　三省堂の『大辞林』では，維持とは，"同じ状態を保ち続けること"と説明している．しかし，環境の変化に翻弄される企業活動において同じ状態を保ち続けるためには，継続的に改善を行うことが必須となる．この点を，石川[4]は，"管理とは一応工程を現状維持していくことであるが，異常が起これば，その異常原因を除去して再発防止していくことであるから，そのアクションによって少し改善が行われる．そういう意味で消極的な改善が行われる"と述べている．また，石川[4]は，"改善とは積極的に問題をみつけて，これをよくして，さらに歯止めをして管理していくことになるので，積極的に改善を行っていくことになる"とも述べている．さらに，石川[4]は，"積極的な改善─現状打破，品質を向上させる，工程能力を向上させる…"と述べて，現状打破を積極的な改善と位置づけている．なお，"現状打破"の考え方については，狩野[5]も参照されたい．

（1）維持問題

　現状を維持するためには，標準と教育訓練プログラムを整備し，これが順守できているかどうかを，グラフや管理図などによって管理するための適切な仕組みが必要である．また，異常が発生した場合には，迅速に原因を究明し，再発防止策を講じるとともに，必要な教育訓練を行う必要がある．その意味で，維持問題とはプロセス管理の問題といっても過言ではない．

　現場で発生した問題のうち，緊急を要する重要問題や突発的問

題などは，その職場の職組長が責任をもって解決に当たることになる．また，職場でのQCサークル活動やPMサークル活動などの小集団活動では，身の回りにあって，メンバー全員に共通した問題——作業の3ム（ムダ・ムラ・ムリ）やロスに関する問題など——を取り上げ，全員の協力によって問題解決が図られる．現状を維持し続けるための問題を解決するためには，その現場にいる人々の問題意識と問題解決力が求められる．

(2) 改善問題

技術者・スタッフは，部課長の示した重点方策である"直行率[*]を□□％にする"という目標達成を阻害する重要要因を明らかにするとともに，それらを解決するための新しい技術や方法を発想することが要請される．そこでは，"あるべき姿"が現状の延長上になかったり，これまでに経験のない問題であるため，解決のための固有技術も確立されていなかったりする．直行率を阻害するすべての要因を抽出し，それら各要因と直行率との関係を事実（データ）によって明確にしたうえで，パレート図や散布図あるいは回帰分析などのQC手法を用いて得られた因果関係に基づいて適切に対応することが求められる．このように，改善問題における特徴の一つは，その"あるべき姿"が，特性値のねらいである平均値とばらつきに対する規格値として与えられていることである．

(a) 平均値問題

たとえば，図2.1の左側にあるヒストグラムは，ある樹脂パイプの切断工程における形状寸法の現状を示したものである．規格値

---

[*] 直行率＝良品数/生産数×100（％）と定義される．

2.3 現状との比較による分類

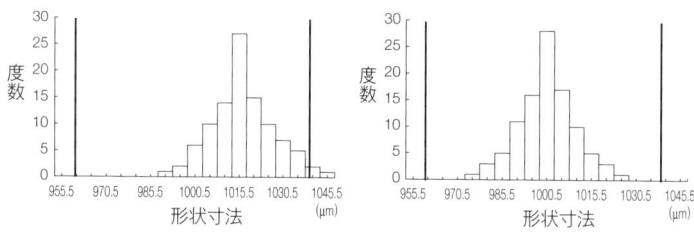

図 2.1 ヒストグラムの中央が規格値に偏っている

1 000±40（μm）に対して，分布の中央値（平均値）が上限規格値の側に偏っているため不良が発生している．このような場合，同図の右側のように，その平均値が規格幅の中央になるようにすることが問題のテーマとなる．

（b） ばらつき問題

これに対して，図 2.2 の左側にあるヒストグラムは，ある製品のプレス加工工程における製品圧縮強度の現状を示したものである．分布の平均値は規格値 150.5±50（N/mm^2）のほぼ中央に位置しているが，規格幅に対してばらつきが大きすぎるため不良が発生している．このような場合には，同図の右側のように，分布のばらつき

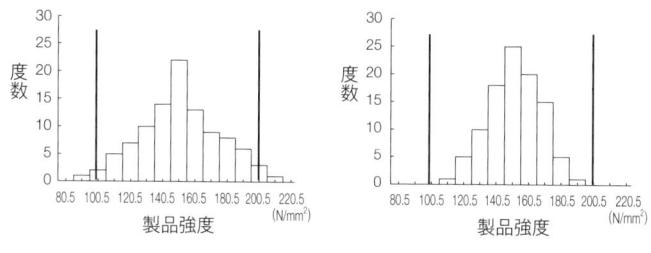

図 2.2 ヒストグラムのばらつきが大きい

を小さくすることが問題のテーマとなる．

平均値やばらつきに関する改善問題では，後述する QC ストーリーに従った問題解決が有効である．

(3) 現状打破

上記の問題は，平均値やばらつきの大きさが与えられた規格値（＝"あるべき姿"）を満足していないことが問題であった．しかし，平均値やばらつきに関する問題であっても，次のものはまったく異質な問題である．

(a) 日常管理における現状打破

図 2.3 は，ある病院の受付窓口における処理時間を調べたヒストグラムであって，他の病院における処理時間と比較して，特に問題のない状況である．しかし，その職場で働く QC サークルは，"受付における待ち時間をさらに短くできないか？" という問題意識か

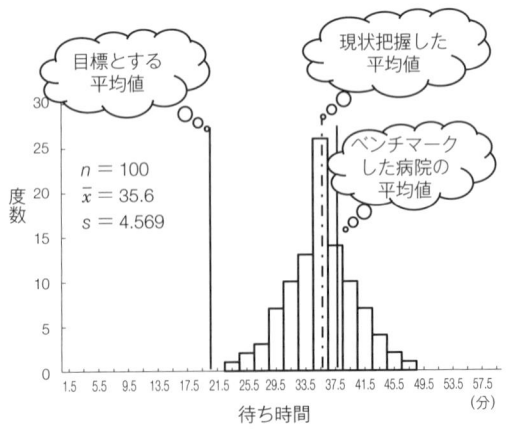

図 2.3　現状打破をねらった目標

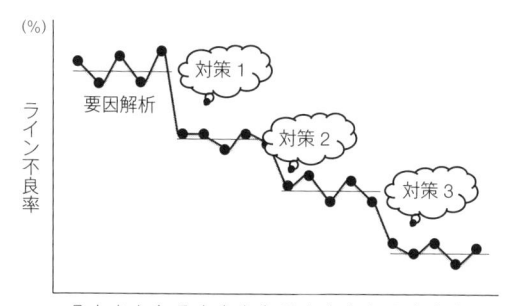

図 2.4 改善活動における PDCA サイクル

ら，受付処理時間を抜本的に短くすることを考え，同図に示す目標値を設定した．

以上のように，我々の取り扱う問題は，現状の維持問題，現状の改善問題及び現状の打破問題に分類できる．この分類に応じて，そこで適用される問題解決のアプローチも，表 2.2 に示すように，問題解決型アプローチと課題達成型アプローチに分類されることがある．特に，現状の改善問題においては，図 2.4 が示すような一連の対策を実施することが必要な場合が多い．

(b) 思考範囲の拡大による現状打破

現場第一線において問題が発生する原因は，その問題の一番近くにいる者が最もよく知っていると述べた．しかし，彼らの知っている原因の多くは 1 次的原因であって，根本原因である業務プロセスの設計や各種標準類の設計などのシステム問題にまで至っていないことがある．小集団活動で取り上げられたテーマが解決されたとき，部課長などは，"なぜ，このような問題が起きたか？"と問い

かけることから，"問題は起こるべくして起こっていないか？"と考えることが大切で，問題の発生するシステムの悪さを発見することが大切である．さらには，小集団活動で取り上げなかったプロセス外の要因まで検討することで，これまで振り返られることのなかったところまで思考範囲を拡大して，新たな領域における問題の発見を行うことも大切である．

(c) 方針管理における現状打破

経営責任者は，企業を取り巻く環境の変化を敏感に感じとり，企業が持続的成長を維持できる中長期経営計画の策定，企業として獲得しなければならない組織能力像を明らかにしたうえで，具体的な年度重点方針を設定する使命をもっている．特に，経営トップの方針（＝目標＋方策）は，図2.5のような関係をもって，部課長→係

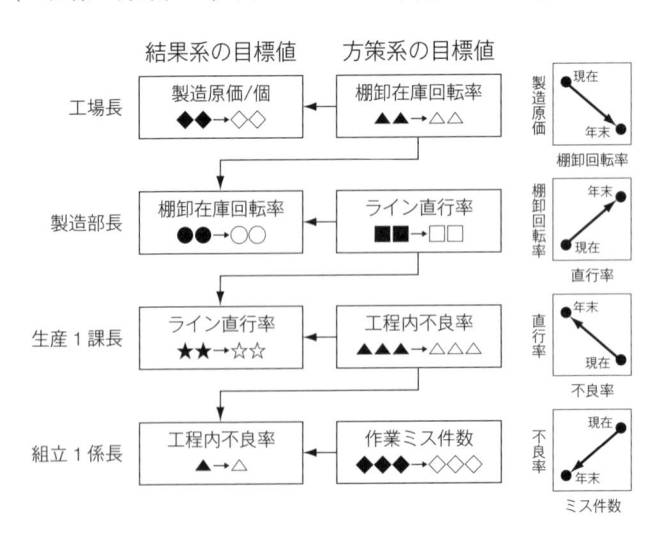

図 2.5 方針管理における方策系の目標連鎖

長→職組長へと展開されるため，方策系における適切な管理項目を設定することが重要である．そこでは，部課長や現場責任者との十分すぎるほどのコミュニケーション（考えていることの伝達）を欠かすことができない．

たとえば，図 2.5 における"棚卸在庫回転率を△△％に向上することによって製造原価を◇◇に低減する"という年度部門方針に含まれる"棚卸在庫回転率を△△％に向上する"という重点方策が求める目標（目標値と納期）が意味する"あるべき姿"は現状の延長上になく，未知・未経験の領域に解決手段を求めなければならない場合もある．また，現在の一人当たり生産性のレベルでは，生産拠点の海外移転が進んでいるような環境変化の中で生き残りを図ることは困難であるという認識に基づいて，これを打破したいという思いもあるだろう．部課長には，こうした部門長方針における重点方策が求める目標の達成と，自部門の抱える環境変化対応課題を同時解決しなければならないという使命が求められる．このとき，図 2.6 のような視点から重点方策を策定する．

問題は，それを解決する人の職位によっても異なり，それぞれの職位で取り組まれる問題は図 2.7 のように分類できる．

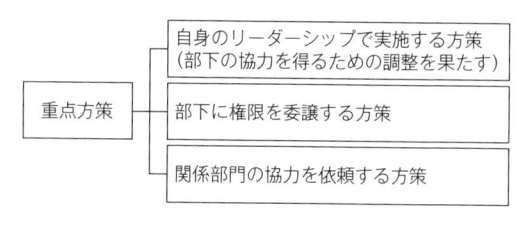

図 2.6 重点方策の 3 分類

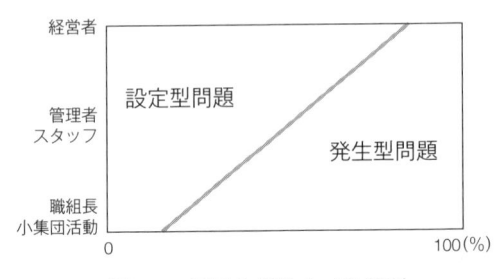

図 2.7 階層と解決すべき問題

図 2.6 の場合には，自身がリーダーシップを発揮すべき方策として"直行率を□□%にすることによって棚卸在庫回転率を○○%にする"という重点方策を策定している．

方針管理における問題解決では，"設備設計"→"設備構築"→"設備運用"→"効果確認"→"設備再設計"→…といった活動が展開される．そのため，"具体的な設備運用に至るまでの問題解決活動期間をどのように管理するか"という"日常管理"のあり方が問題となる（図 2.8 参照）．日常管理については，久保田[6]を参照のこと．

また，営業部門における"新製品の売上目標の達成"といった方針課題を達成するためには，図 2.9 のような活動期間を通じた管理のあり方が問題となる．方針管理における問題解決については，飯塚[7]と加藤[8]が役立つ．

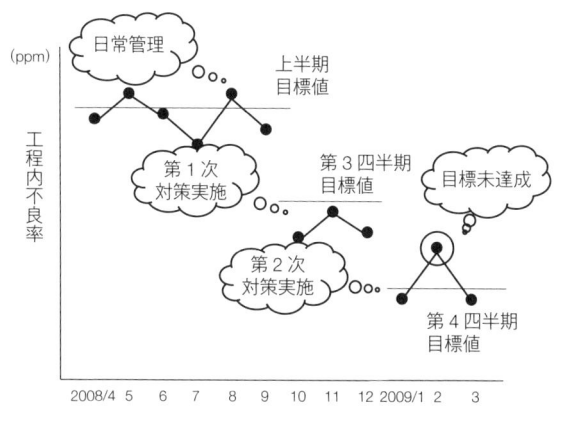

2.3 現状との比較による分類　　39

図 2.8　方針管理における日常管理の問題

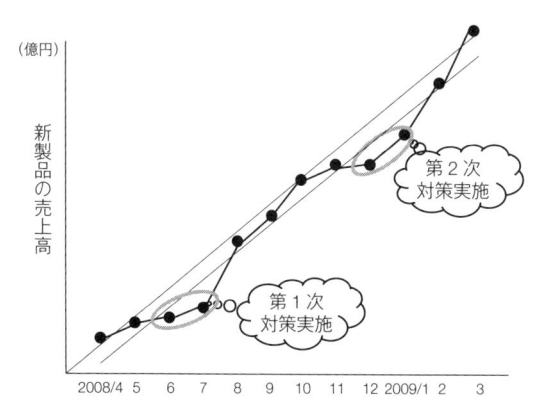

図 2.9　新製品の売上目標達成の問題解決の場合

2.4 問題発生のあり方による分類

(1) 連続型発生問題と離散型発生問題

部品の切削加工工程では，多くの切削機が用いられる．そうした切削機は，機器設置後の比較的早い段階で，設計段階で想定しなかった使用条件や周辺環境条件による故障（"初期故障型故障"という）の発生することがある．また，そうした切削機の故障を保守・補修することで，故障発生件数は安定するが，それでも偶発的・離散的な故障（"偶発故障型故障"という）が発生することがある．その後，切削機は寿命を迎え，機器は連続的に故障（"摩耗故障型故障"という）を発生するようになる．すなわち，そこには，鈴木[9]が指摘したように，ある時点で機器故障が発生しても，次の時点では故障原因が解消し，別の時点 T_1 まで故障が発生しないタイプ（図2.10）と，ある時点 T_0 で発生した後，連続して発生し続けるタイプ（図2.11）とがある．また，後者の故障パターンには，故障発生が一定の周期をもっている場合と，ランダムに発生

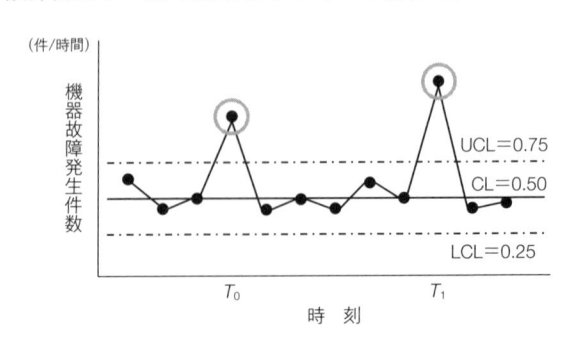

図 2.10 離散型発生問題

2.4 問題発生のあり方による分類　　41

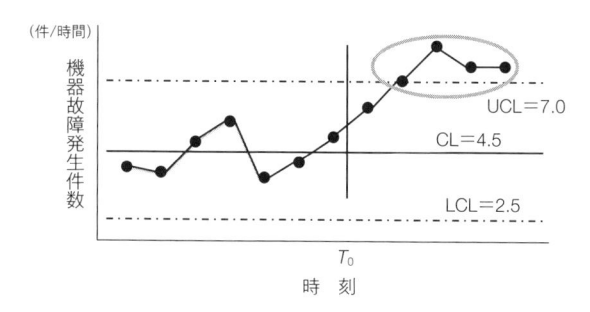

図 2.11　連続型発生問題

する場合とがある．

(2) 突発的問題と慢性的問題

また，切削加工工程で発生する故障は，機器状態とは無関係な良品条件の変化，たとえば，作業者の操作ミスによる突発的トラブルの発生することがある（図 2.12 参照）．また，故障原因を対策してはいるが，その故障メカニズムの追究が難しいとか根本原因に対する対策の実施が困難であるとかの理由によって，慢性問題として潜在化していることがある（図 2.13 参照）．この種の突発的な問題の

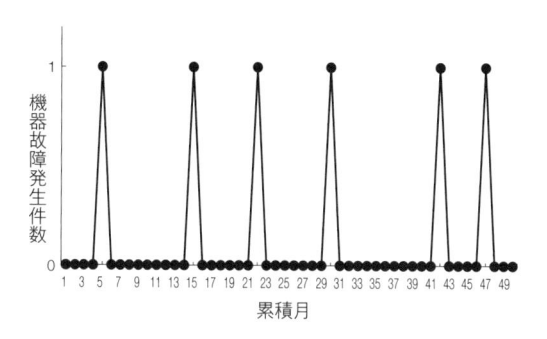

図 2.12　突発型問題

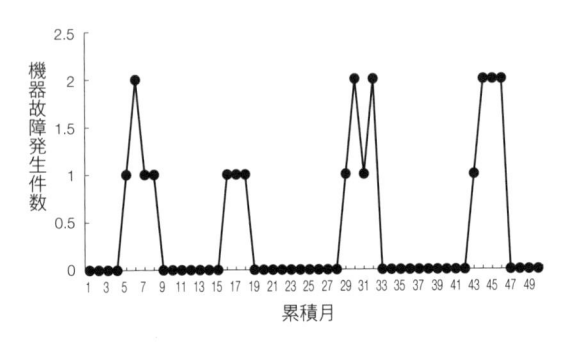

図 2.13 慢性型問題

解決法については，中條[10] が役立つ．

第3章 問題解決の考え方と手順

　問題を効果的かつ効率的に解決するためには，問題解決の考え方と解決手順を正しく理解している必要がある．これまでの問題解決に関する書物では，QC的問題解決法において代表される演繹的方法や帰納的方法を中心とした科学的弁証法による問題解決法が中心となっていた．もちろん，そうした方法の有用性は不変であるが，それらに加えて，川喜田[11),12)]の野外科学やパース[13)]によるアブダクションに代表される問題解決法も重要である．ここでは，こうした問題解決法の考え方と手順について考える．

3.1 応急処置，恒久処置及び未然防止処置

　問題が発生したとき，発生事象の拡大を防止したり現状の悪さを解消したりすることを応急処置という．未曾有の大地震によって発生した設備トラブルに対して，その復旧活動を行う場合が相当し，対症療法的な処置のことである．この種の問題が発生しているときには，とりあえず応急処置を迅速に行うことが被害や影響の拡大防止の観点から重要である．しかし，それのみでは問題の根本原因が不明であり，問題を再発しかねない．そこで，問題の根本原因を究明し，その原因に対して対策をとることが必要になる．これを恒久

44　　　　　　　　　第3章　問題解決の考え方と手順

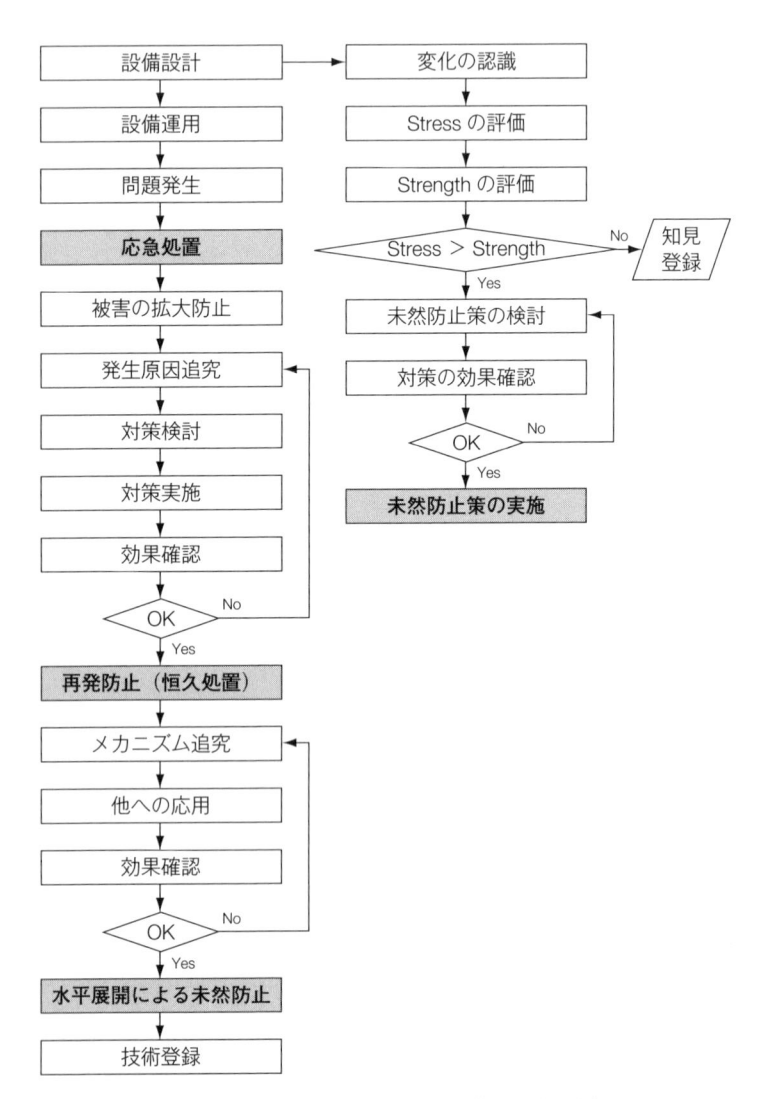

```
設備設計 ──────→ 変化の認識
   ↓                ↓
設備運用           Stress の評価
   ↓                ↓
問題発生           Strength の評価
   ↓                ↓
**応急処置** ←── Stress > Strength ──No──→ 知見登録
   ↓              Yes ↓
被害の拡大防止     未然防止策の検討 ←┐
   ↓                ↓              │
発生原因追究 ←┐   対策の効果確認    │
   ↓          │     ↓              │
対策検討      │    OK ──No─────────┘
   ↓          │    Yes ↓
対策実施      │   **未然防止策の実施**
   ↓          │
効果確認      │
   ↓          │
  OK ──No────┘
  Yes ↓
**再発防止（恒久処置）**
   ↓
メカニズム追究 ←┐
   ↓            │
他への応用      │
   ↓            │
効果確認        │
   ↓            │
  OK ──No──────┘
  Yes ↓
**水平展開による未然防止**
   ↓
技術登録
```

図 3.1　応急処置・恒久処置・未然防止処置

処置又は再発防止処置という．

さらに，得られた知見を反映することで，再発防止処置で発見された故障モードを含む他の設備に対して問題の発生を防止することを，水平展開による未然防止処置という．一方で，現在の設備に問題は発生していないが，将来の使用条件や加工材料特性の変化を考えると発生が懸念される問題を明らかにして，これに対する対策を講じることも未然防止処置という．以上の関係は，図 3.1 のように示すことができる．

3.2 問題解決の手順

発生した問題を解決しようとする場合には，経験と勘と度胸（KKD という）に基づいたモグラ叩き的アプローチではなく，科学的なアプローチを採用しなければならない．このとき活用される手順として，図 3.2 でモデル化される QC ストーリーがある．

QC ストーリーは，図 3.2 に示すように，思考レベルと現場レベルを行ったり来たりする中で問題解決を図るものであることがわかる．特に，問題解決を仮説生成と事実（データ）による検証の連続によって行っていることから，科学的弁証法に基づく問題解決法であることがわかる．

具体的には，表 3.1 に示す，問題解決のための手順がある［細谷[14]や狩野[5]］．

また，それぞれにおける実施要領は，表 3.2〜表 3.4 のように整理できる．

46　　　　　　　　　　　第3章　問題解決の考え方と手順

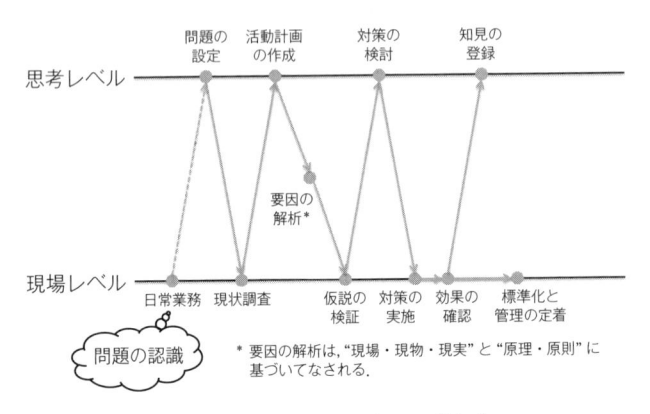

図 3.2 QC ストーリーの考え方

*要因の解析は，"現場・現物・現実"と"原理・原則"に基づいてなされる．

表 3.1 問題解決の手順

手順	発生問題		設定問題
	施策実行型	問題解決型	課題達成型
手順1	テーマの選定	テーマの選定	テーマの選定
手順2	攻め所と目標の設定	現状把握と目標の設定	攻め所と目標の設定
手順3	目標の設定	活動計画の作成	方策の立案
手順4	対策の検討と実施	要因の解析	成功シナリオの追求
手順5	効果の確認	対策の検討と実施	成功シナリオの実施
手順6	標準化と管理の定着	効果の確認	効果の確認
手順7		標準化と管理の定着	標準化と管理の定着

表 3.4 における課題達成型の実施要領においては，課題を達成するための方策立案がポイントとなり，各種のアイデア発想法が活用される．また，方策を実施するときに発生するかもしれない阻害要因に対する読み切りを行うことがポイントとなり，PDPC 法などが活用される．

ここで，問題解決型と課題達成型の問題解決における考え方は，図 3.3 のように整理することもできる．

表 3.2 施策実行型の実施要領

手　順		実施要領
手順 1	テーマの選定	・問題を把握する ・テーマを決める
手順 2	攻め所と 目標の設定	・事実を集める ・攻撃対象(特性)を決める ・対策の方向性又は大まかな対策内容を把握する
手順 3	目標の設定	・目標の 3 要素(管理特性，目標値，期限)を決める
手順 4	対策の検討と 実施	・対策のねらい所に基づき対策のアイデアを出す ・対策の具体化を検討する ・対策内容を確認する ・実施方法を検討する ・対策を実施する
手順 5	効果の確認	・対策結果を確認する ・目標値と比較する ・有形・無形の効果を把握する
手順 6	標準化と 管理の定着	・標準を制定・改訂する ・管理の方法を決める ・関係者に周知徹底する ・担当者を教育する ・維持されていることを確認する

表 3.3 問題解決型の実施要領

手　順		実施要領
手順1	テーマの選定	・問題を把握する ・テーマを決める
手順2	現状の把握と目標の設定	・事実を集める ・攻撃対象(管理特性)を決める ・目標の3要素(管理特性，目標値，期限)を決める
手順3	活動計画の作成	・実施事項を決める ・日程，役割分担などを決める
手順4	要因の解析	・特性の現状を調べる ・要因を挙げる ・要因を解析（調査，検証）する ・対策項目を決める
手順5	対策の検討と実施	・対策のアイデアを出す ・対策の具体化を検討する ・対策内容を確認する ・実施方法を検討する ・対策を実施する
手順6	効果の確認	・対策結果を確認する ・目標値と比較する ・有形・無形の効果を把握する
手順7	標準化と管理の定着	・標準を制定・改訂する ・管理の方法を決める ・関係者に周知徹底する ・担当者を教育する ・維持されていることを確認する

表 3.4 課題達成型の実施要領

手順		実施要領
手順1	テーマの選定	・問題・課題を洗い出す ・問題・課題を絞り込む ・取り組む必要性を明確にする ・テーマを決める
手順2	攻め所と目標の設定	・ありたい姿を設定する ・現状の姿を把握する ・前提条件を把握する ・ギャップと攻め所(着眼点)を明確にする ・目標の3要素(管理特性,目標値,期限)を決める ・日程,役割分担などを決める
手順3	方策の立案	・方策案(アイデア)を列挙する ・方策案を絞り込む
手順4	成功シナリオの追求	・シナリオを検討する ・期待効果を予測する ・障害の予測と事前防止策を検討する ・成功シナリオを選定する
手順5	成功シナリオの実施	・実行計画を策定する ・成功シナリオを実施する
手順6	効果の確認	・成功シナリオの実施結果を確認する ・目標値と比較する ・有形・無形の効果を把握する
手順7	標準化と管理の定着	・標準を制定・改訂する ・管理の方法を決める ・関係者に周知徹底する ・担当者を教育する ・維持されていることを確認する

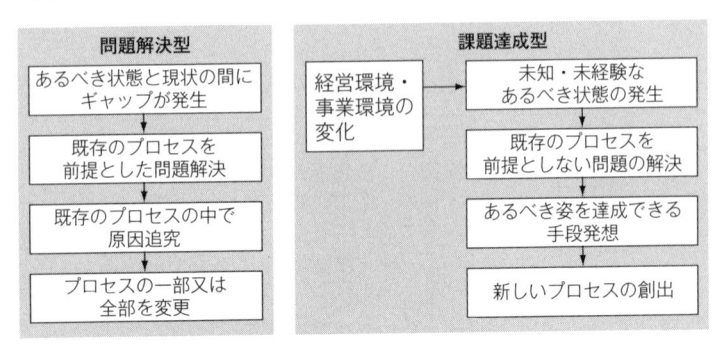

図 3.3 問題解決型と課題達成型の違い

問題解決型
- あるべき状態と現状の間にギャップが発生
- 既存のプロセスを前提とした問題解決
- 既存のプロセスの中で原因追究
- プロセスの一部又は全部を変更

課題達成型
- 経営環境・事業環境の変化
- 未知・未経験なあるべき状態の発生
- 既存のプロセスを前提としない問題の解決
- あるべき姿を達成できる手段発想
- 新しいプロセスの創出

また,設定型問題の解決における解決手順としては,川喜田[11]のW型問題解決モデルがある(図 3.4 参照).図 3.2 と図 3.4 において,問題解決におけるプロセスには,過去の経験や技術・技能を利用して思考するレベルと,現場で現物を見て現実を認識するレベルを行ったり来たりしていることがわかる.また,思考レベルと現場レベルの橋渡しをしている.

問題解決型の実施手順を示した図 3.2 の QC ストーリーの考え方は,"現場レベル"を"経験レベル"と読み替えると図 3.4 と同じ内容を示唆したものである.また,表 3.4 に示す課題達成型の実施要領も,経験レベルを実施レベルと読み替えると図 3.4 と同じ内容を示唆している.その意味で,図 3.4 の W 型問題解決モデルは,問題解決や課題達成の本質が"思考による仮説生成"と"現実(データ)における検証"にあることを示唆したものであるといえる.

3.2 問題解決の手順　　51

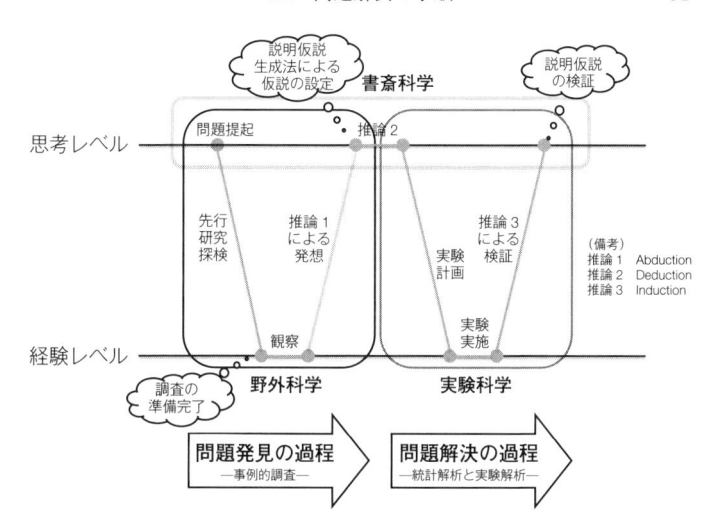

図 3.4　W 型問題解決モデル

第4章 問題解決に求められる能力とその構築法

　解決すべき問題が明らかになったとしても，それを解けるように定式化できなければ，問題を解決することができない．

　ある樹脂射出成形工程における"カケ不良"という問題を解決する場合を考えると，"カケ不良"が，いつから（When），どの部位（Where）に発生しているのかを明らかにしなければならない．それは，"カケ不良"が製品全体に発生している場合と特定の部位のみに発生している場合とでは，問題解決の方法が異なるからである．

　また，動力伝達ベルトを小型化・軽量化するという問題を考えると，小型化と軽量化を同時実現することのできる方法として多数の手段が候補に挙がるであろう．この場合には，どの方法が最も効果的で，最も早く，最も安価なものであるかを明らかにしなければならない．そのとき，候補案に対する"効果"，"実現性"，"経済性"をどのようにすれば的確に評価できるかという評価のあり方が問題解決の成否を左右する．

　本章では，問題解決に求められる能力とその構築法について考える．

4.1 求められる能力と構築法

筆者は,ある会社で,次のような事例に遭遇したことがある.その会社では,数年前に国際品質規格に基づく品質保証体制を構築することになった.担当者たちは,様々な角度から検討して,その当時としてはベストな品質保証体制を構築していた.しかし,それから数年が経過したあるとき,その会社の品質保証部門の改善事例で発表された品質保証体制は,すでにベストなものではなくなっていた.企業を取り巻く社会・経済環境が大きく変化しているとき,今のやり方で十分とか,今のやり方がベストであるということは,ほんの一瞬にすぎない.よりよい方法があることを認識し,それを追い求め続けることが必要である.

その意味で,問題の存在に気づき,この問題を解けるように整理することが重要となる.谷津[2]は,このような問題の存在に気づき,解けるように問題を整理することを"問題の把握"といい,納谷[15]は"混沌の整理"といって,問題解決における"問題の整理"の重要性を強調しているが,まさに至言である.

4.2 ベンチマークと重点指向によるテーマ選定力

まず第1に,会社や職場の"あるべき姿"を志向する問題意識が求められる."この状態でよい","このやり方でよい"と思っている人には,与えられた仕事はできても,会社や職場の"あるべき姿"を認識することはできない.職場第一線において製品規格外れ

4.2 ベンチマークと重点指向によるテーマ選定力

による不良が発生するように，問題のほうから近づいてくれる場合は，それでよいかもしれない．しかし，部課長・スタッフにおいては，そのようなことはまれであって，環境変化に対応した"あるべき姿"を認識する能力，すなわち，重要なテーマを選定する能力が求められる．

重要なテーマを選定する有力な方法としてベンチマーキングが採用される．それは，対象とする自社の事業プロセスや業務プロセスを特定し，これを理解することから始まる．そして，過去・現在・未来における自社の現状を観察・分析・予測することで理解し，"あるべき姿"と"現状"とのギャップとして問題を認識する．

図 4.1 は，現在の業務プロセスを，自分たちの視点から見た"あるべき姿"としての業務プロセスに改善することと，お客様視点で見た"あるべき姿"としての業務プロセスに改善することとの違いを示すものである．ややもすると，自分たちの視点が優先されることの危険性を示唆している．

また，図 4.2 はベンチマークによる生産革新の考え方を示したものである．自社内に複数工場をもつとき，ロス A のタイプで改善・改革目標が設定される場合がある．また，ロス B のように理論的に達成しなければならないレベルを目標とした改善・改革を行うこともある．しかし，国際競争に打ち勝つ改善・改革目標の設定としては，ロス C のタイプが求められる．

そのとき，特定された業務プロセスとベンチマークすべき比較対象を決定し，比較対象の組織能力（パフォーマンス）を調査・観察することで，自社との差異を明確化し，その差異が生まれる原因を

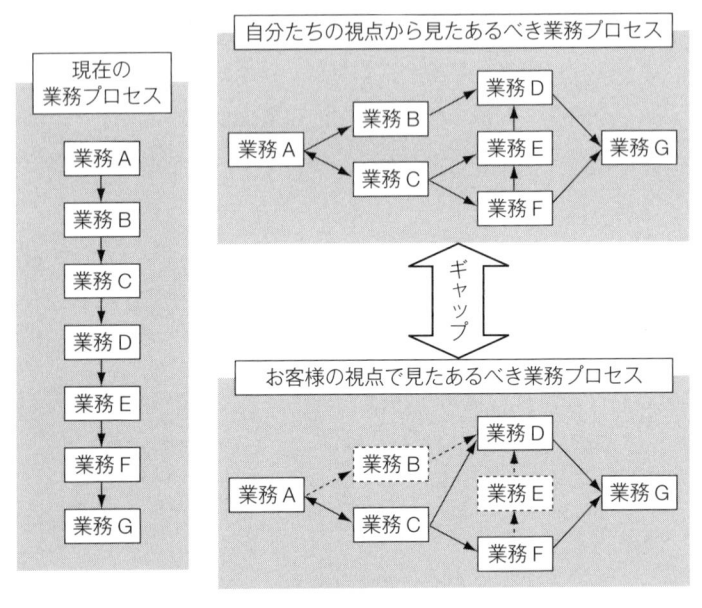

56　第4章　問題解決に求められる能力とその構築法

図 4.1　業務プロセスのお客様視点によるギャップ認識

① ロス……現行基準値（計画値）に対する実績未達の問題
　（ロスA）　⇒　維持問題
② ムダ1……現行ライン・現行設備等を前提とした理想基準値と実績の差
　（ロスB）　⇒　改善問題
③ ムダ2……現在のあるべき姿（最高水準）の基準値と実績の差
　（ロスC）　⇒　改革問題

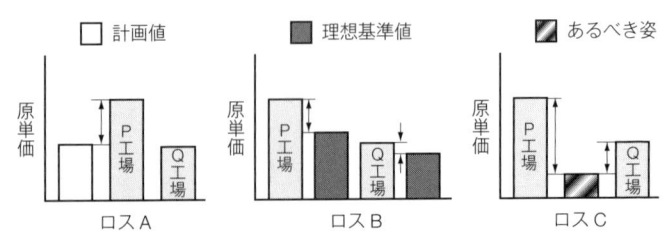

図 4.2　生産革新におけるベンチマークの考え方

分析することで自社の現状とのギャップを把握することが重要である．

問題が認識されると，その問題を構造化し，顧客に対する影響の大きさ，機会損失の大きさ，達成したときの効果の大きさ，解決の可能性などの視点から重点化する．最後に，改善・改革に対する目標と目標値及び納期を伴って，テーマが設定される．

4.3 データ分析と理論考察による現状把握力

"あるべき姿" が設定されると，次は，その "あるべき姿" と現状のギャップを事実（データ）に基づいて把握する現状の把握力が求められる．その際に重要なのは，できる限り事実を客観的に把握することである．事実を見れば，自分が思い込んでいたことが事実と異なっていることに気づいたり，"問題だ" と考えていたことが些細なことであって，他に重要なことがあったりすることもある．

現状を正しく把握する考え方や方法として，理論コスト，見える化，QAネットワーク，市場（いちば）・畑活動，TPM，PM分析，データ分析，QC的ものの見方・考え方などが活用される．

(1) 理論コストの考え方

現在の工法や工程における極限コスト，あるいは，理想的な工法や工程における理論コストを明確化し，現状のコストとの比較によって現状を把握する．

(2) 見える化

5S（整理・整頓・清掃・清潔・しつけ）の徹底による設備やプ

ロセスの問題の見える化，エフの取り付けと取り外し[*]による問題の見える化，イエローカードの発行による問題の見える化を行うことで現状を把握する．

(3) QAネットワーク

管理の難易度と保証度，たとえば，作業難易度と保証度や作業忘れ度と保証度を比較することで，保証度向上に関する現状の鍵を把握する．

(4) 市場・畑活動

鮮度の高いうちに問題を解決するための組織活動であって，朝市・昼市など作業を締める段階で発生した問題を棚卸しすることで，現状を把握する．

(5) TPM

設備系を中心としたロスの発見と早期対策及びトラブル未然防止を果たす方法である．設備には，①停止ロス（故障，段取り替え・調整，刃具交換，立ち上げなど），②性能ロス（チョコ停，速度低下など），③不良ロス（刃具・金型故障，手直し，測定，調整など），④編成ロス（作業班編成，物流編成など），⑤作業ロス（測定，調整，移動など），⑥歩留りロス（直材，補助材，部品，仕損など），⑦エネルギーロス（電力，空気など）といった7大ロスと呼ばれるものがある．

また，設備総合効率（＝時間稼働率×性能稼働率×良品率）の悪

---

[*] 改善ボードに問題点や改善点などを記入したポストイットのような用紙を貼り付け，改善が完了すると，これを取り外すことを，エフの取り付け・取り外しという．

化といった問題もある．さらに，設備と人の組合せに伴う総合能率（＝時間稼働率×能率）の問題もある．こうした問題を正しく把握するため，7大ロスの低減，設備総合効率の向上，労働生産性の向上，昼休み無人運転の推進，原価低減の推進，夜間無人運転の推進をねらった全員参加活動としてTPM活動が推進される．

(6) PM分析

現象（Phenomena/Phenomenon）を物理的（Physical）に解析し，現象と設備のメカニズム（Mechanism）を解析して，設備（Machine），人（Man），材料（Material），方法（Method）との関連を追究することによって，問題を見えるようにする．

(7) データ分析

収集したデータを適時・適切に分析することによって，現状を把握する．その際の手法と考え方を以下に述べる．

(a) チェックシートの活用

データをとるときに大切なことは，できる限り日常業務の中で，簡単にデータをとれる仕組みを構築しておくことである．多くの現場でチェックシートが活用される．

計数値データの場合

製品中の不良品やキズの数，あるいは設備停止回数のように，1, 2, 3, …のような離散的な値をとるデータを計数値データという．このようなデータを日常業務で収集するためには，表4.1のようなチェックシートが有効である．

なお，製品中のキズ項目別チェックシートの場合，一つの製品に複数の不具合現象が現れることがあるため，表4.1のように，どの

表 4.1 製品不具合チェックシート

月 / 日		10/3		10/4		⋯	10/25		⋯
		午前	午後	午前	午後		午前	午後	
不具合現象	カキキズ	///	//	////	/		///	//	
	打撲キズ	/	―	/	//		/	―	
	曲げキズ	―	//	/	///		―	//	
	凹凸キズ	―	―	/	/		//	///	
	⋮								
要因系	設備 No.	1	1	2	1		2	3	
	生産直	A	B	A	B		C	A	
	⋮								

ような不具合項目が，どの程度発生しているかを層別しておくことが重要である．また，それらの不具合が，どの設備で，どの生産直のときに発生しているかといった履歴を明確にしておくことも大切である．

さらに，生産現場においては，このチェックシートと同時に，図4.3のような管理図を併用することで，日々の不具合発生状況を確認することも大切である．

計量値データの場合

製品の形状寸法や重量あるいは強度などの連続的な値をとるデータを計量値データという．このようなデータの場合，具体的な数値を記録する場合もあるが，表4.2のように，あらかじめデータを複数の区間に分類したチェックシートを用意しておくと便利である．

また，得られたデータを適当な期間で整理し，図4.4のように，ヒストグラムを作成することで集団がもつ特徴を把握することも大

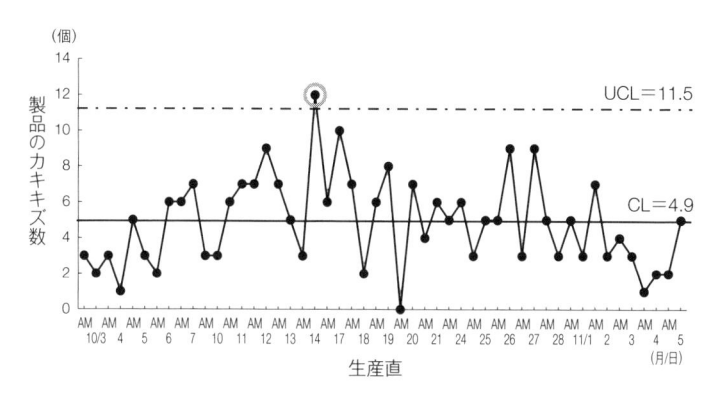

4.3 データ分析と理論考察による現状把握力 61

図 4.3 カキキズに対する管理用管理図

表 4.2 製品形状寸法のチェックシート

No.	区間 下限	区間 上限	中央値	10/3	4	5	…	27	28	合計
1	58.5	60.5	59.5							0
2	60.5	62.5	61.5		/					1
3	62.5	64.5	63.5	/				/		3
4	64.5	66.5	65.5			/			/	5
5	66.5	68.5	67.5			/				12
6	68.5	70.5	69.5	//	//	//		//	///	32
7	70.5	72.5	71.5					/		11
8	72.5	74.5	73.5	/						7
9	74.5	76.5	75.5	/						5
10	76.5	78.5	77.5							3
11	78.5	80.5	79.5							1
12	80.5	82.5	81.5							0

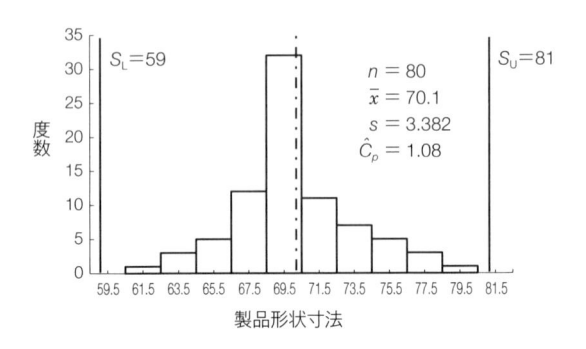

図 4.4 チェックシートによるデータのヒストグラム表現

切な行為であり，工程能力指数 C_p を推定することで，工程の質的な品質能力を評価することもできる．

(b) 折れ線グラフの活用

生産工程の日々の不良率のようなデータは，折れ線グラフ（時系列グラフ）を作成することによって，ある日を境にして，不良率が急激に増加したり，突発的に不良率が高くなったりすることがある．図 4.5 の A 部のように，不良率が変化したときは，その変化の起こった前後で，仕事のやり方に何らかの変化が起こっていると考えられる．たとえば，生産ラインへの新人作業者の投入や材料納入メーカの変更など，何らかのプロセス要因の変化が起こっている．また，図 4.5 の B 部のように，ある日のみ突発的に不良率が高くなったときは，その日に限定的な何らかの変化が起こっている．

このとき，注意しなければならないことは，図 4.5 の C 部で示される"不良率が極端に小さい"という異常を見逃さないことであ

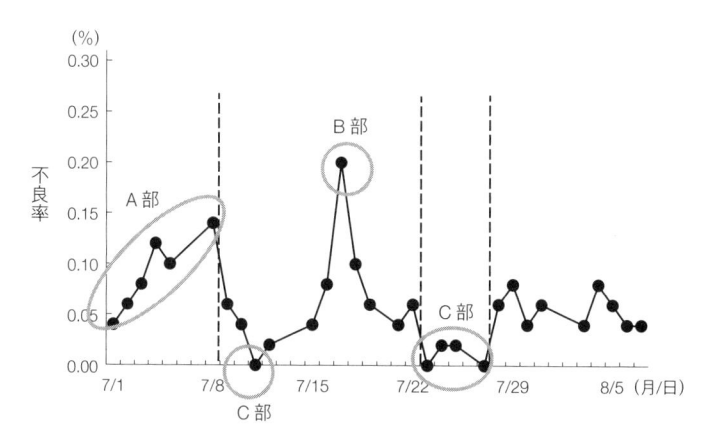

図 4.5 不良率の折れ線グラフ

る．我々には"現状把握＝悪さの把握"と考える傾向があるけれども，問題解決においては，"よい異常"に対するプロセス要因を知っておくことが大切である．

(c) パレート図の活用

樹脂成形工程における樹脂製品の不良率の低減というようなテーマが設定されたとしても，樹脂製品の不良には，"カケ不良"や"キズ不良"など，様々な不良がある．また，"キズ不良"には，製品の表面キズと，製品の内部キズがある．限られた経営リソースを投資することで"不良率を低減する"ためには，"どの不良を，どの程度まで低減すればよいか"を明らかにして，影響の大きいものから順に改善するという重点指向の考え方が重要である（図 4.6 参照）．

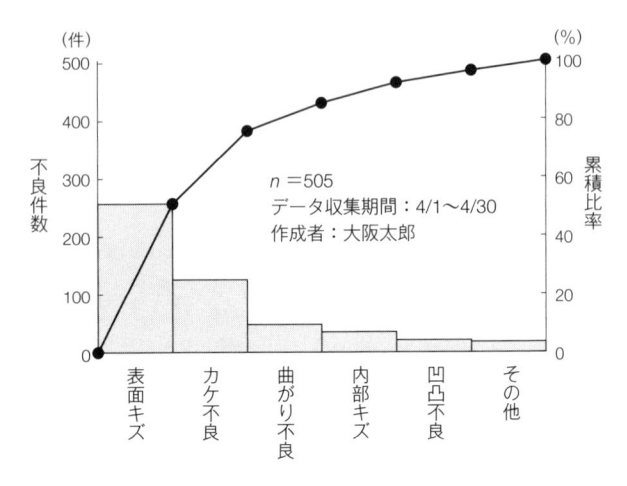

図 4.6 樹脂製品不良に対するパレート図

4.4 QC的ものの見方・考え方による要因の解析力

(1) 特性要因図の活用

現状把握の結果，"製品の表面キズを上半期末までに半減する"という目標（目標値と納期）が決定されると，その特性である表面キズの"発生率"に影響を与える要因，特に，重要要因が何であるかを明らかにする必要がある．

そのためには，製品の製造工程である"原料投入工程→添加剤投入工程→反応工程→運搬工程→焼入れ工程→乾燥工程"のそれぞれにおける原因を，図4.7のような特性要因図を用いて検討する．

あるいは，図4.8のように，原材料・部品（Material），設備・機器（Machine），組立・加工・作業にかかわる方法（Method），

4.4 QC的ものの見方・考え方による要因の解析力　65

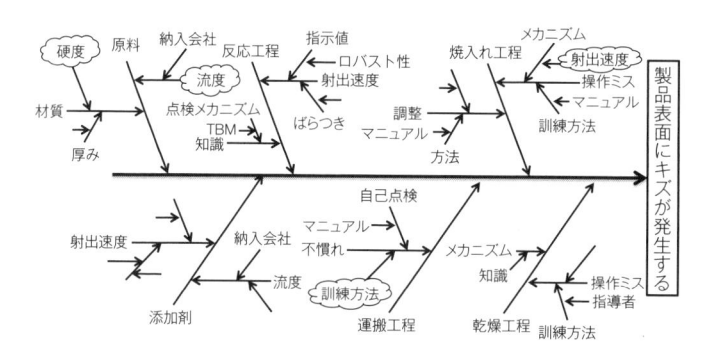

図 4.7 工程を考慮した特性要因図

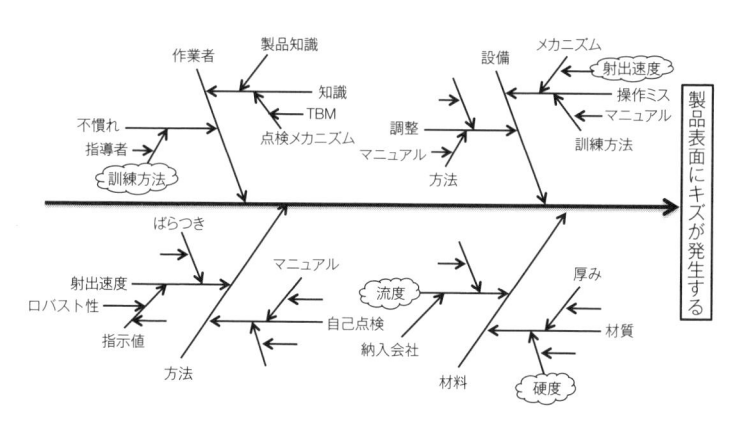

図 4.8 4Mによる特性要因図

作業者・オペレーター (Man) など4Mを大骨として，それらに関係する要因を中骨→子骨→孫骨と問いかける特性要因図を作成する．

特性要因図では，対象となる問題そのもの，あるいは問題の発生している品質のような解析の対象となるものを特性という．これに

対して，特性に影響を及ぼす原因は無数にあるが，特性を安定化するために取り上げた原因を要因という．図 4.7 と図 4.8 では，製品の表面キズという特性に対して，射出速度，材料の硬度と流度に加え，作業者に対する訓練方法の四つの要因を重要要因として取り上げている．

(2) パレート図の活用

特性要因図によって取り上げられた重要要因は"仮説"にすぎない．それらが真の要因であるかどうかは，事実（データ）によって検証されなければならない．このとき，重要要因が"射出速度の ±1 シグマ外れ"，"材料硬度の ±1 シグマ外れ"，"材料流度の ±1 シグマ外れ"，"作業者の操作ミス"などのように計数値データとしてデータ化されている場合には，図 4.9 のようなパレート図を作成する*．

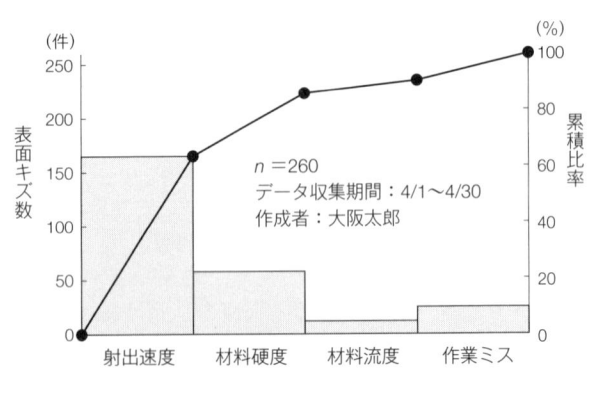

図 4.9 不具合要因別パレート図

---

* ここでは便宜上のものとして"±1 シグマ外れ"を取り上げているのであって，実際に採用される基準ではない．

この結果，表面キズの主要因として"射出速度の±1シグマ外れ"が最も影響している可能性が示唆される．

(3) 散布図の活用

図4.9のような要因別パレート図を作成することによって要因の解析を行うことはできるが，射出速度，材料硬度，材料流度のような計量値データが得られているのであれば，表面キズの深さや長さなどの特性値と，これら要因系のデータを用いた散布図を作成すれば，特性と要因の相関関係を把握することができる．実際に，この事例の場合の最近1か月間の日報データ（表4.3参照）によって，射出速度と表面キズ深さ，材料硬度と表面キズ深さの散布図を作成すると，図4.10と図4.11が得られ，射出速度と材料硬度は，製品の表面キズ深さと正の相関関係をもっていることがわかる．

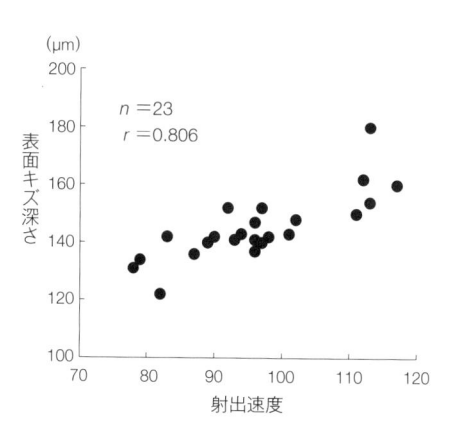

図4.10 射出速度と表面キズ深さ

表 4.3 射出速度と材料硬度及び表面キズ深さデータ

No.	射出速度	材料硬度	表面キズ深さ
1	97	197	140
2	87	202	136
3	102	208	148
4	113	200	154
5	112	209	162
6	117	204	160
7	78	191	131
8	98	192	142
9	111	191	150
10	89	196	140
11	93	203	141
12	83	189	142
13	82	195	122
14	90	199	142
15	92	198	152
16	79	202	134
17	94	209	143
18	96	206	147
19	101	216	143
20	96	195	141
21	97	211	152
22	96	190	137
23	113	227	180

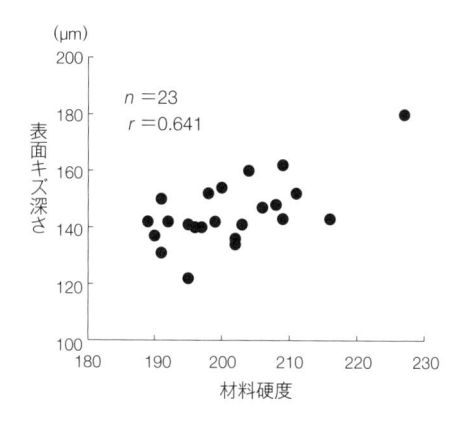

図 4.11 材料硬度と表面キズ深さ

(4) 因果関係

散布図は，重要要因と特性との間にどのような相関関係があるかを教えてくれるが，それらの間にどのような因果関係があるかまでは教えてくれない．ここで知りたい因果関係を求める手法として回帰分析が活用できる．

実際に，表 4.3 のデータの表面キズ深さを目的変数，射出速度を説明変数又は制御変数とした単回帰分析を行うと，

　　　　表面キズ深さ $= 145.2 + 0.85 \times (射出速度 - 96.3)$

であり，表面キズ深さを目的変数，材料硬度を説明変数又は制御変数とした単回帰分析を行うと，

　　　　表面キズ深さ $= 145.2 + 0.82 \times (材料硬度 - 201.3)$

である．また，表面キズ深さのばらつきは，射出速度の変化によって約 63% が説明でき，材料硬度の変化によって約 38% が説明できる．さらに，表面キズ深さ (y) を目的変数，射出速度 (x_1) と材

料硬度 (x_2) を説明変数とした重回帰分析を行うと,

$$表面キズ深さ = 145.2 + 0.69 \times (射出速度 - 96.3)$$
$$+ 0.45 \times (材料硬度 - 201.3)$$

が得られる.また,その標準化された因果関係は

$$表面キズ深さ = 0.65 \times 射出速度 + 0.35 \times 材料硬度 \quad (1)$$

であって,表面キズ深さのばらつきは,射出速度と材料硬度の変化によって約75%が説明できる.

重回帰分析法は,ある目的変数と複数の説明変数との因果関係を把握する多変量解析法として魅力的なものであるが,射出速度が材料硬度の値によって制御されているという現実を反映してはいない.このようなときには,パス解析法と呼ばれる多変量解析法が有用な場合がある[狩野ほか[16]].実際に,表4.3のデータに基づいてパス解析を行うと,図4.12のパス図(標準解)が得られる.

この場合,表面キズ深さに対して射出速度の影響度は0.65であり,材料硬度の影響度は,直接影響度(0.35)+間接影響度(0.44×0.65)=0.64であることがわかる.(1)式の重回帰分析による結果では,射出速度が材料硬度よりも表面キズ深さに対して強い影響力があると思われたが,図4.12では,ほぼ同じ程度の影響力をもつ

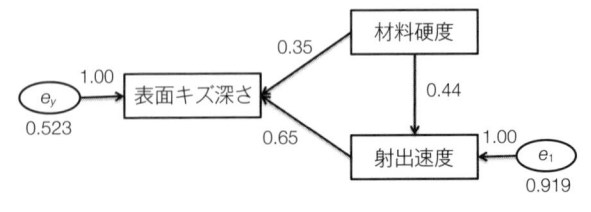

図4.12 表面キズ深さと材料硬度,射出速度のパス図(標準化された解)

4.5 系統図とマトリックス図活用による最適策の選定力

重要要因と特性との相関関係や因果関係が立証されると，それらの要因を最適に制御あるいは管理する方法を検討することになる．一般に，複数の要因を制御したり管理したりする方法には，"あちらを立てればこちらが立たず"といった二律背反の問題が発生する．そのため，要因を最適に制御あるいは管理する方法を選定する際には，品質・原価・納期・安全性・モラールなどの多項目に関する必達項目（must項目）と願望項目（want項目）及び制約条件（conditions）を明確にしたうえで，最適な方法を選定する必要がある（図4.13参照）．

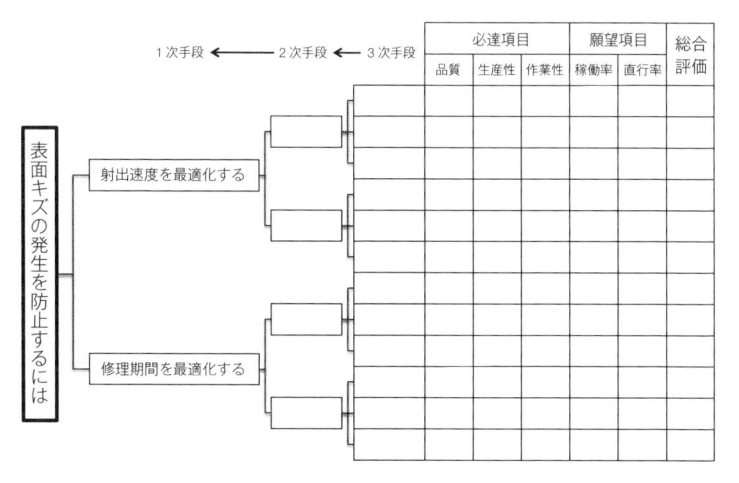

図4.13　最適手段を選定するための系統図とマトリックス図

なお，上記の例題における場合であれば，射出速度（A）と材料硬度（B）を実験因子とした繰り返しのある二元配置分散分析法を活用した実験によって，それぞれの因子に対する最適条件を明らかにすることができるかもしれない．

4.6 アロー・ダイヤグラムやPDPCによる詳細実施計画の作成力

射出速度と材料硬度に対する最適水準が求まったからといって，それらを明日から最適水準に設定すれば問題が解決できるとは限らない．射出速度を最適水準に設定するために事前準備として実施しておかなければならないこと，材料硬度を最適水準に設定するために準備しておかなければならないことがある．すなわち，最適手段を実施するための詳細な実施計画を作成することが必要になる（図4.14参照）．なお，図中の"d"は，ダミー作業を表す．

また，最適策を実施するためには，"関連部門との協業を必要としないか"，"最適策の実施によって不測の事態が発生しないか"など，PDPC法を用いて，最適策の実施に伴って発生するかもしれないトラブルを可能な限り読み切ることで，期待した納期までに期待した成果の得られるような実施計画を作成することが必要である．

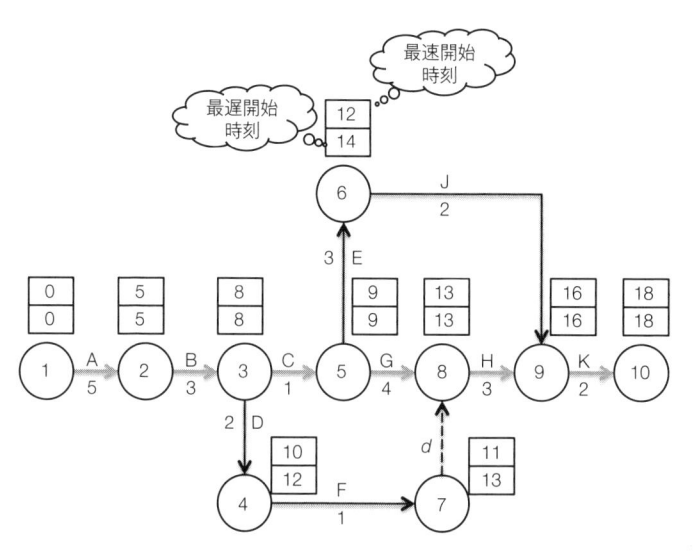

図4.14 詳細実施計画のためのアロー・ダイヤグラム

4.7 データ分析による効果の確認力

(1) 計数値データ

取り上げている特性が,生産工程から産出される不良品の数や製品のキズの数のような計数値データの場合には,不良現象別や不良要因別に対するパレート図,あるいは不良品の数や不良率に対する管理図が活用できる.

たとえば,図4.15は,ある生産工程における製品不良現象別のパレート図を改善前(現状把握時点)と,改善後(効果確認時点)を並列して示したものである.これらのパレート図を見ると,改善

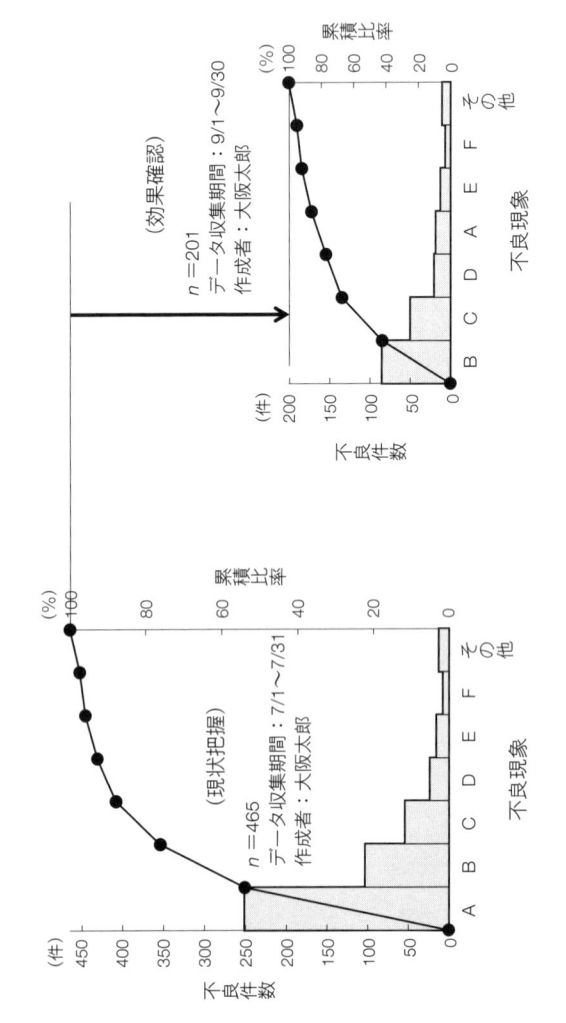

図 4.15 改善前と改善後の不良現象別パレート図

前にトップ事象であった項目 A が，改善後には第 4 位になっていること，同じ 1 か月間の総不良件数が 465 個から 201 個に半減していることがわかる．

また，図 4.16 は，不良項目 A に対する改善前（現状把握時点）と改善後（効果確認時点）における不良率の管理図を示したものである．これらの管理図を見ると，改善後の不良率が改善前の 0.05（％）から 0.02（％）へ低減していることがわかる．

(2) 計量値データ

取り上げている特性が製品の形状寸法，重量，強度などの計量値データの場合には，ヒストグラムや散布図あるいは管理図が活用できる．

図 4.17 のヒストグラムは，生産している製品の製品膜厚（μm）を，25 日間にわたって毎日 4 回の系統サンプリングを行って得られた改善前（現状把握時点）と改善後（効果確認時点）のデータから作成したものである．これらの図を見ると，改善前（現状把握時点）にあった上限規格外れの不良品が，改善後（効果確認時点）には解消されていることがわかる．

また，図 4.18 は，そのデータから作成した管理図を示したものである．これらの管理図を見ると，改善前に比べて改善後の製品膜厚の平均が減少している，したがって，軽量化できていることがわかる．

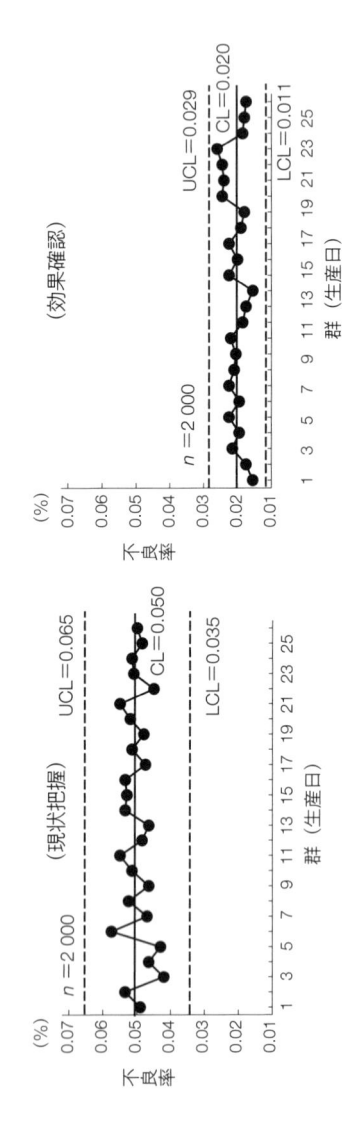

図 4.16 不良項目 A の改善前と改善後の p 管理図

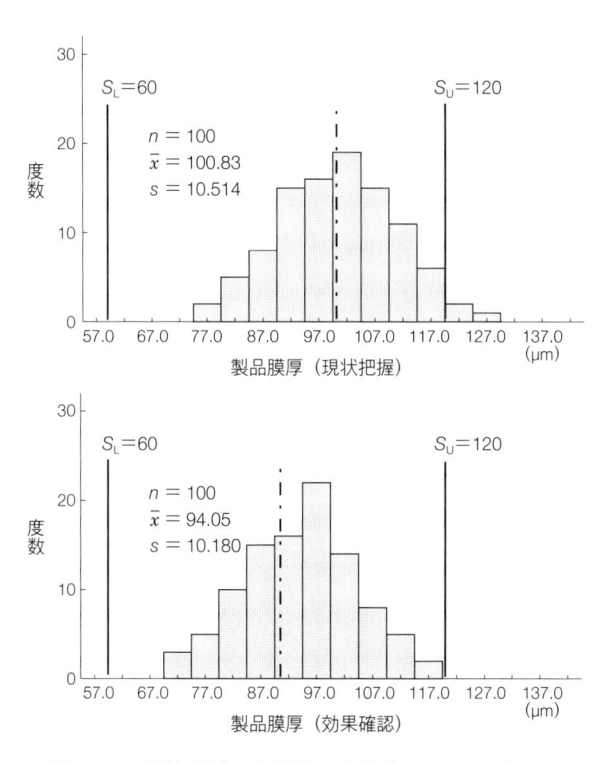

図 4.17 製品膜厚の改善前と改善後のヒストグラム

図 4.18 製品膜厚の改善前と改善後の $\bar{X}$-R 管理図

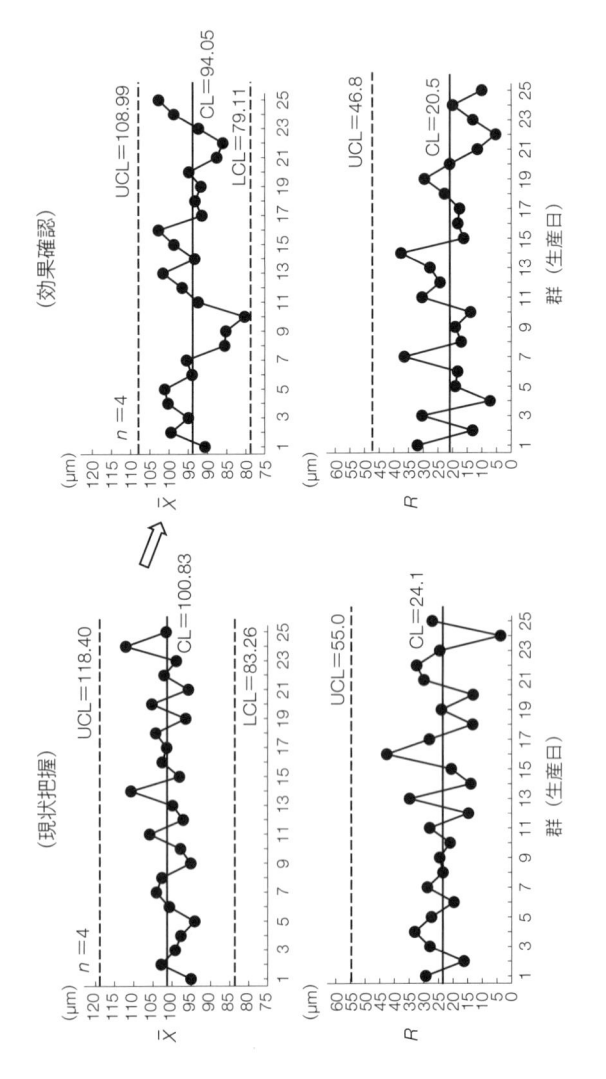

4.8 源流指向による標準化力

こうして問題の解決ができることを確認した後，問題解決プロセスで得られた新しい技術や仕組みを標準化し，同類の問題が再発することを防止しなければならない．そこでは，"いつまでに，誰が，どこで，なぜ（何を），どのように"実施するかを計画し，関係者に対する教育訓練プログラムを作成したうえで，これを確実に実施しなければならない．

問題解決は，品質保証システムや経営管理システムなどのマネジメントシステムに対する改善・改革を指向しているが，検査における対象ロットやサンプルへの処置を除くと，業務プロセスに対する適切な処置によって完結する．これをデータ解析の世界で考えると，業務プロセスの出来映えを表す特性値の全体を表す母集団に対して適切な処置を実施していることになる．その意味で，問題解決行為には，図4.19に示すように，母集団である業務プロセスの出来映えを支配する4M要素である部品・材料，設備・装置，人及び方法に対する歯止め，標準化などの適切な処置を行うことが求められる．

また，その際には，図4.20が示すように，業務プロセスのどこで発生した不具合が，どこのプロセスで作られた不具合であるかを明らかにすることで，問題の発生したプロセスのみでなく，問題の作られたプロセスに対して処置することが大切である．こうした問題の解決を通じて，組織の設計力を高める方法として，狩野ほか[17]による"作り込みプロセス―発見すべきプロセス―発見したプロセ

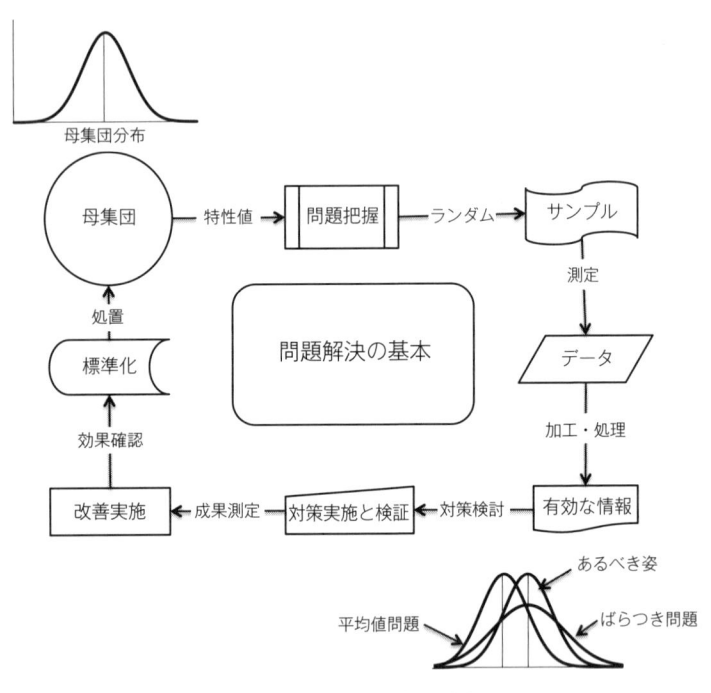

図 4.19 問題解決の基本

ス"のT型マトリックス図の活用による設計技術の向上法が有効である.

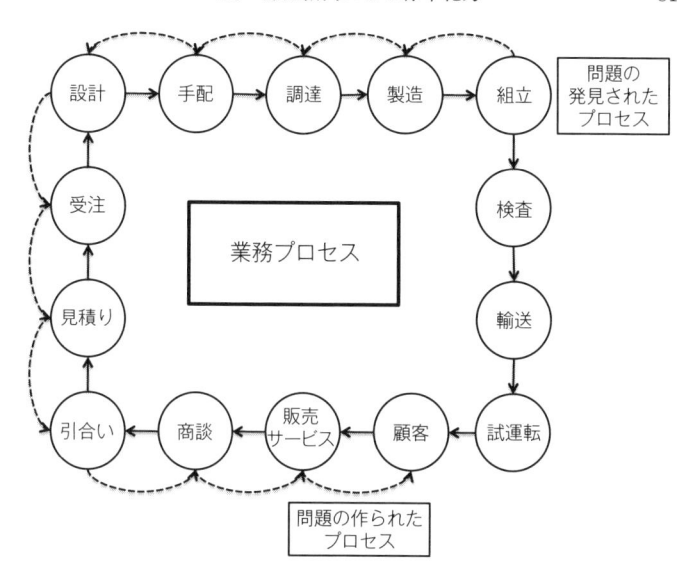

図 4.20　問題の作られたプロセスと発見されたプロセスの認識

第5章 問題解決の実践事例

問題には，職場第一線の QC サークル活動における身近な問題，技術者による技術課題やスタッフによる上位方針を受けた重点課題，あるいは，部課長による方針課題を実現する問題などがある．こうした問題を解決するためには，問題の構造を正しく把握することが必要である．

5.1 現状把握

問題の構造を正しく理解するためには，現状把握を的確に行う必要がある．そのため，問題解決における問題は，調査・実験などの観察を通じて，現実を表す事実を記述するデータをどのように収集するか，また，収集したデータの性質である時系列データ，計数値データ，計量値データ，言語データなどに応じて，どのように把握するかというものがある．

(1) 時系列データ

【事例 1】

図 5.1 は，ある生産工程において工程内不良率のデータを 30 日にわたって整理したときの折れ線グラフ（"時系列グラフ"ともいう）である．問題意識の高い人は，第 5 週目の 5 日間（グラフの

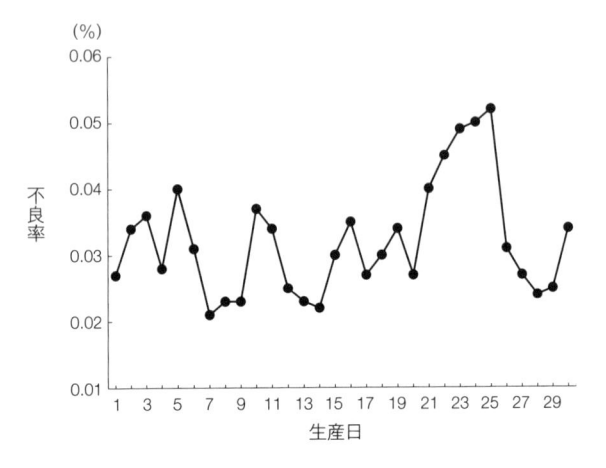

図 5.1 推移グラフによる工程内不良率の現状把握

21〜25日目)における工程内不良率が急激に高くなっていることがわかるであろう.しかし,問題意識の低い人は,この変化を見落としてしまうかもしれない.

このような場合には,統計的管理図の一つである p 管理図を活用することで,問題点を把握することができる(図5.2参照).

(2) 計数値データ

【事例2】

ある電力会社の火力発電部門では,"自主点検期間の短縮"という命題を受けたプロジェクト活動が行われた.この場合,限られた活動期間内で課題を解決するためには,点検期間短縮を阻害する重点問題を明らかにすることが必要で,図5.3は,過去3か年における計画外設備トラブル発生状況を調べたパレート図である.

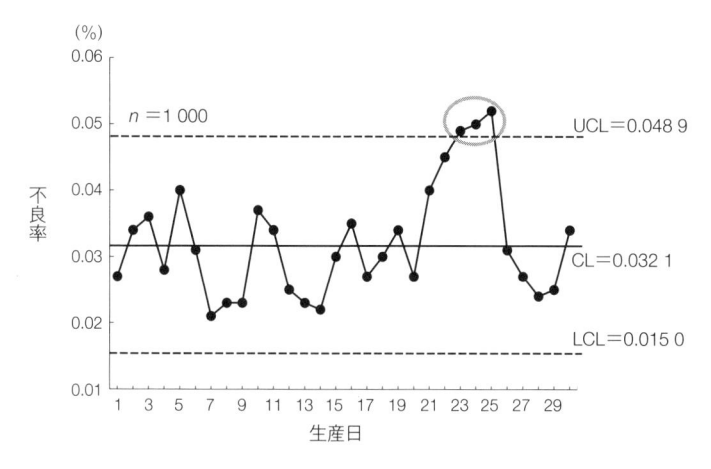

図 5.2 p 管理図による現状把握

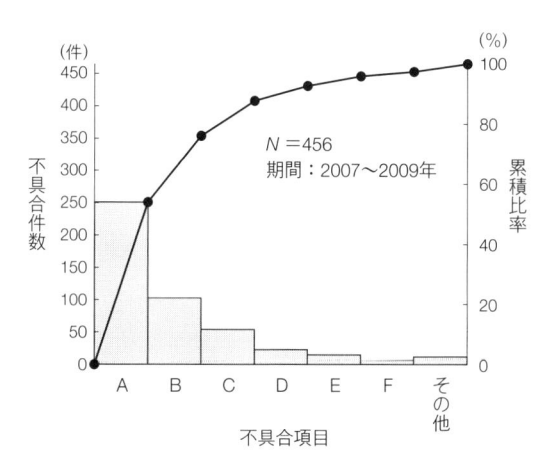

図 5.3 パレート図による現状把握

(3) 計量値データ

【事例3】

電子機器メーカの組立工程では，ある納入部品の寸法不良によって直行率が低下するという問題が発生していた．部品メーカに対する規格値は 117±7（μm）である．

このような場合，納入された部品の中からランダムに適当な大きさの部品をサンプリングし，その部品寸法の全体像を把握するため，図5.4のようなヒストグラムを作成するとともに，工程能力指数を次の式によって推定することが必要である．

$$\hat{C}_p = \frac{公差の幅}{6 \times 標準偏差} = \frac{124-117}{6 \times 3.245} = 0.719$$

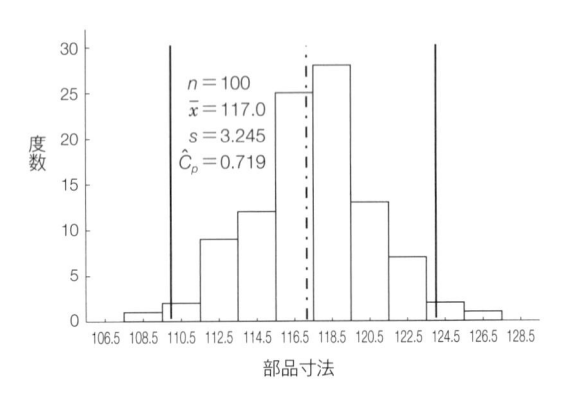

図 5.4 ヒストグラムによる現状把握

（4） 言語データ

【事例4】

　ある家電メーカの経理部門では，"経理業務の効率化の促進"という上位方針を受け，現状の問題点を把握するため，関係者で討論を行うことになった．しかし，経理部門に関する数値データで示される悪さを簡単には入手できない．そこで，図5.5のような連関図を作成することにした．

　得られた重要要因は，"資料の整理・整頓ができていない"，"他部署と直接的に接触する機会が少ない"，"課題推進に必要な知識を上司が具体的に示していない"という三つであった．しかし，より問題なのは，"昨日と同じ方法で業務をしている"→"毎日のように残業に追われている"→"勉強時間をとっていない／とれない"→"経理業務に必要な能力が向上していない"→"昨日と同じ方法で業務をしている"という"悪魔のサイクル"が潜んでいることへの気づきであった．

【事例5】

　ある自動車部品会社の営業部門では，全社TQMの一環として，品質管理を推進して1年になるが，いまひとつ盛り上がりに欠ける．品質本部では，営業部門における品質管理の推進における問題点を図5.6の連関図によって検討した．

　作成した連関図から，"トップがPlanの重要性を認識していない"，"営業プロセスを記録していない"，"言語データを活用する手法を学習していない"という三つの重要要因を抽出している．

　これらの2事例が示すように，経理部門や営業部門などの問題

88 第 5 章 問題解決の実践事例

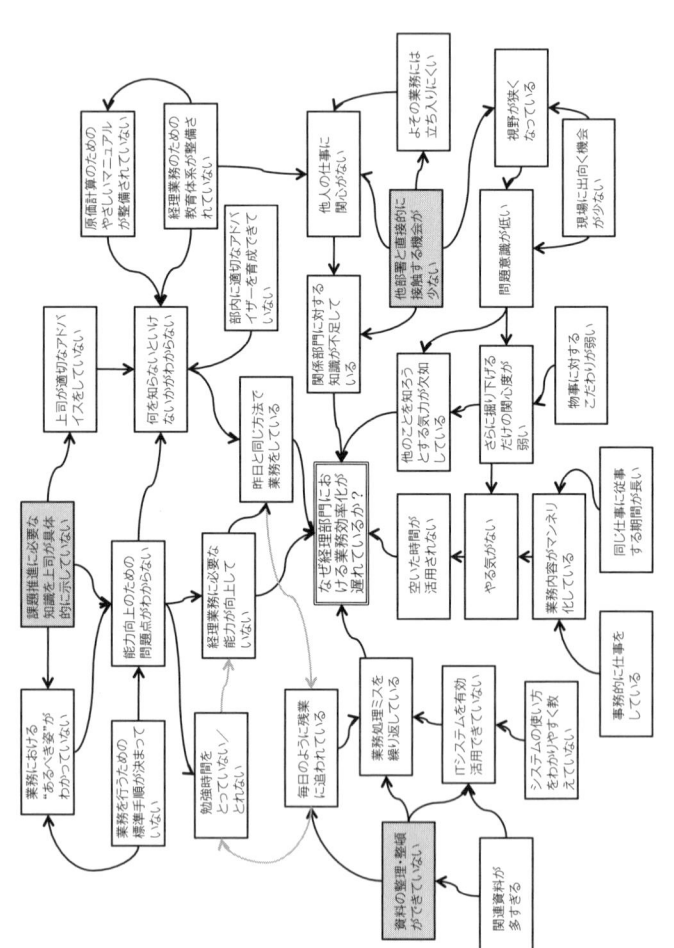

図 5.5 "なぜ経理部門における業務効率化が遅れているか？" に対する連関図

5.1 現状把握　　89

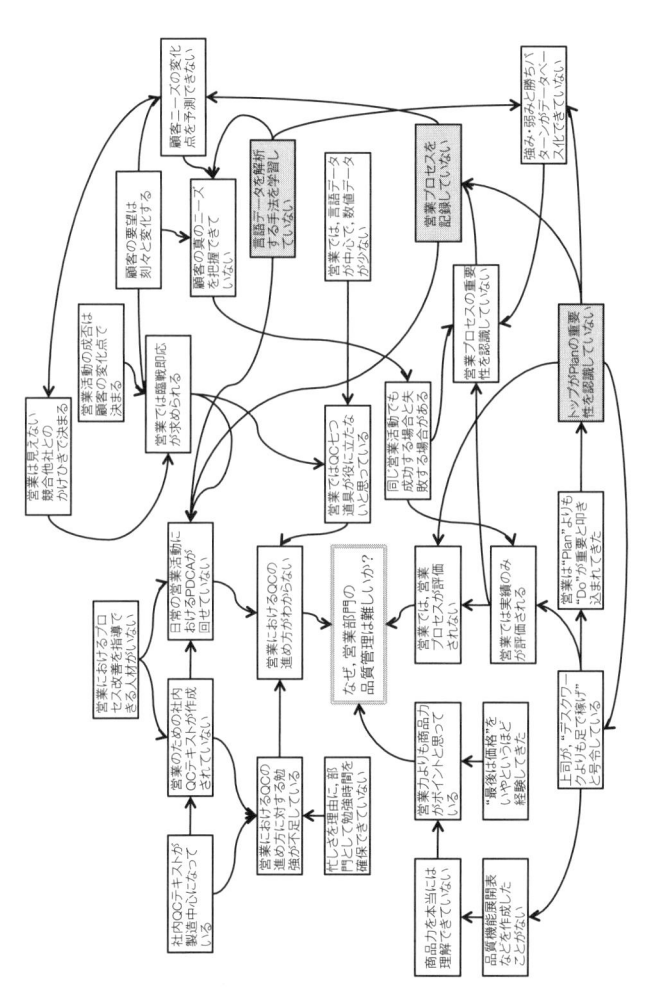

図 5.6　"なぜ営業部門における品質管理は難しいか？" に対する連関図

解決では，数値データのみでなく，関係者の経験と技術を結集した言語データによる現状把握が威力を発揮することがある．

5.2 制約条件の理解

【事例 6】

ある部品の切削加工工程では，切粉発生による切削治具巻き付きが切削治具の寿命に影響するという問題が発生していた．そこで，ある技術者は，切粉の巻き付き要因を検討した結果，クーラントの洗浄力（＝クーラント排出スピード×時間）を変更する案を実験し，排出スピードの高速化によって洗浄力を倍増することにした．これで問題は解決できたと思われたが，しばらくすると，切削治具への微粉付着による切削治具の寿命悪化問題が発生した．

よく考えてみると，洗浄工程ではクーラント受け皿が直下に設置されているため，クーラント排出スピードを高めることで，受け皿中の微粉が飛散するという問題があった．技術者が解決すべき問題は，切粉の巻き付き要因を明確にすることではなく，周辺条件を加味したうえで，切粉の巻き付きを防止する手段を発想することだったという教訓である．

5.3 潜在問題の理解

問題は突然に発生していると思われるかもしれないが，その多くは，発生すべくして発生しているものである．ここで取り上げたよ

うに，日常業務の業務体系や経営管理体系に問題を発生させる原因が内在していたために発生している問題も少なくない．それらの管理体系は，これまでの環境においては機能していたが，顧客要求の変化や他部門における管理体系の変更によって改善されるべきものが，適切に処置されなかったことに原因の一端があるかもしれない．

問題が発生したとき，業務体系や経営管理体系の悪さが顕在したものととらえ，それらの悪さを明確にし，よりよい体系を構築することが重要である．以下，そうした事例を示す．

【事例7】

ある会社の全社SQC事例発表大会において，工場品質部門の技術者が"鍛造成形工程内におけるカケ不良低減への取組み"を発表した．カケ不良の発生要因を特性要因図によって抽出し，統計的手法を駆使することで大きな成果を得ていた．しかし，筆者には，"そのカケ不良の発生原因は工程設計のどの段階で作られたものか？"という疑問が残った．その点を発表者に尋ねると，"設備FMEAにおける検討不足が原因であると思われる"という回答であった．

この場合，技術者の問題は，工程内のカケ不良要因を明らかにしたうえで対策を行うことも大切であるが，過去から現在までの設備FMEAにおける設計審査の問題点からシステム上の問題を明らかにすることであった．

【事例8】

ある会社では，業務記録の改竄（かいざん）という前代未聞の不祥事が発生

し，社会的責任（CSR）のあり方を問われることとなった．このとき，当該事業本部長は，"今なら責任を追及しないから，これまでに同様な事例があれば，すべて報告しなさい"という大号令を発することで，類似問題を根本原因から一網打尽にして社会的責任を果たすとともに，顧客からの安心・安全に対する満足度の向上に成功した．

5.4 メカニズム追究

【事例 9】

ある樹脂性のゴルフ場に施設される散水パイプを製造・販売している会社で，顧客から"パイプの水漏れ"が指摘されたため，担当部門の技術者が現場に出向き，現物を回収，分析したが問題の根本原因を解明できず，問題が再発した．このような場合，鈴木[9],[18]が指摘する Stress-Strength モデル（図 5.7 参照）に基づく FT 図を活用した要因解析を行うことで，根本原因を解明する必要がある．

この事例の場合，水漏れに至る直接の要因は"パイプの孔空き"

```
Stress  >  Strength → 亀裂 → 孔空き → 水漏れ
   |
┌──────┬──────┐
│内部振動│外部振動│
└──────┴──────┘
```

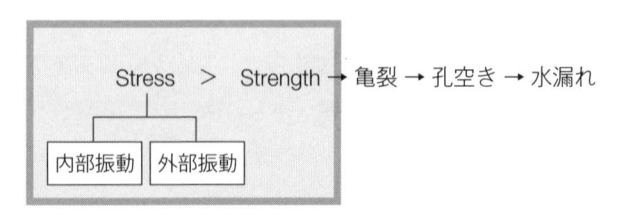

図 5.7 ゴルフ場の樹脂性の散水パイプの水漏れ

である．しかし，孔空きの原因となった"パイプの亀裂発生"を誘発したのは，"パイプへの繰り返し応力がパイプの耐力を超えた"ことによる．さらには，パイプの内部で発生する応力や外部で発生する応力が遠因である．

5.5 水平展開の問題

【事例10】

ある会社の生産部門では，ある工場で発生した火災トラブルを教訓として，"他工場でも類似の問題が懸念されるのではないか"，"当該工場の火災発生原因が，他工場にも潜在しているのではないか"といった観点から，全工場を対象とした総点検を行った．しかし，第1回の総点検を行った結果，"他工場には，当該工場のような原因は，一部を除いて検出されなかった"と驚くべき報告がなされた．これを受けて，部門長は，"故障原因ではなく，故障モードを見て来い！"と言った．

濱口[19]が指摘するように，我々が他所における失敗事例を教訓として知恵を得，それを起爆剤とした水平展開による問題の未然防止を図るためには，物理的・化学的なメカニズムの解明による故障モードの発見に努めなければならない．しかし，これは言うは易く実現の難しいことであり，そこに問題が潜在する．この場合，久米[20]が指摘するように，"故障原因—故障モード—故障"の考え方を理解した要因の解析が不可欠である（図5.8参照）．

故障原因 → 故障モード → 故障（事象）

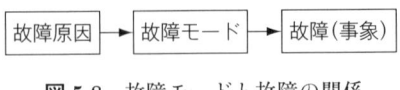

図 5.8　故障モードと故障の関係

5.6　因果関係の問題

【事例 11】

自動車の動力伝達用樹脂製品の成形工程では，品質特性とそれに影響する要因の把握を，各種の品質管理手法を駆使して把握していた．しかし，成形工程における製品のバリ発生には成形圧力が影響しているというような特性と要因の相関関係のみでは，"なぜ，そうなるのか"という因果関係を明らかにできず，新製品が開発されるたびに，問題を再発していた．

このような場合には，図 5.9 のような手段発想のための系統図を活用することで，"射出圧力を最適化する"→"樹脂の流動性を高める"→"樹脂の回転性を高める"→"バリ不良を低減する"という仮説を設定し，これを実験によって検証することで，因果関係を確立することが必要になる．

5.6 因果関係の問題

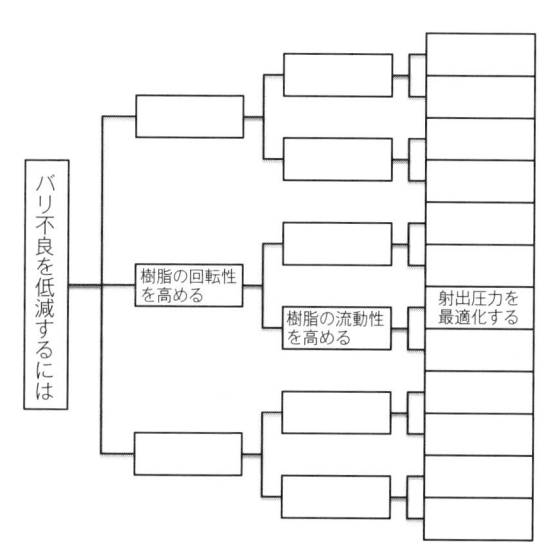

図 5.9 手段発想のための系統図

第6章 問題解決に有効な方法

　問題解決を有効かつ効率的に行うためには，これまでに培ってきた経験と技術・技能が不可欠であるが，第2章で述べたように科学的なものの見方と考え方が必要である．本章では，ページ数の関係で，そうした科学的方法の考え方を中心に概説する．それぞれの方法論について詳細を学習される場合は，参考文献を基に専門書を参照されたい．

6.1　QC七つ道具

　QC七つ道具は，チェックシート，グラフ，パレート図，ヒストグラム，散布図，管理図，特性要因図の七つの手法から構成される．それらは，表6.1のような特徴をもっているが，すでに詳細は説明したため，ここで改めて説明はしない

6.2　新QC七つ道具

　新QC七つ道具は，親和図法，連関図法，系統図法，マトリックス図法，アロー・ダイヤグラム法，PDPC法，マトリックスデータ解析法の七つの手法から構成される．それらは，表6.2のような

特徴をもっているが、詳細は、近刊の拙著『新 QC 七つ道具—混沌の中に戦略と戦術を求める方法』において説明する.

表 6.1 QC 七つ道具とは

手　法	特　徴
特性要因図	工程で品質を作り込むために取り上げるべきプロセス要因を追究する. その際, 業務プロセスのサブプロセスを大骨として, 下流のサブプロセスから上流サブプロセスに向かって追究したり, 4M を大骨として, それらの構成要素を追究したりする.
パレート図	ジュランがローレンツ曲線やパレート曲線の考え方を問題解決に導入した方法であって, 少数の重要な特性や要因を重点問題として絞り込むために用いる. その際活用される原理をパレートの原理と呼ぶ.
グラフ	データを視覚的に表現することで, 人のもつ優れたパターン認識能力を活用する.
チェックシート	現場で, 現物を見て, 現実を確認するという三現主義による問題解決を楽に, 確実に行うとともに, 行動の記録を確実に行うために活用される.
ヒストグラム	工程(母集団)におけるデータのばらつき(分布)を視覚的に表現するときに活用される. これによって, 規格値とデータのばらつき方から工程能力の現状を把握することもできる.
散布図	二つのデータ間の関係を把握する. 両方のデータが確率変数の場合は相関関係が把握でき, 一方が制御変数の場合には因果関係を把握できる.
管理図	データの時系列的なばらつきの原因を偶然原因と異常原因に分解する. 群内で繰り返しサンプルのある場合は, 群間変動と群間変動における偶然原因と異常原因を分解することができる.

表 6.2 新 QC 七つ道具とは

手　法	特　徴
親和図法	混沌とした状態において収集された言語データを素材として，それらを最もよく説明できる仮説を生成する説明仮説生成法（abduction）を図的に行うことで，混沌状態を整理する．
連関図法	"問題"と"原因"の関係や"目的"と"手段"の関係を矢線を伴って論理的に展開する．なお，前者の場合には，事実データのみが活用される．
系統図法	問題解決や課題達成のための手段を系統的に展開したり，"問題"と"要因"の関係を系統的に把握する．
マトリックス図法	2項目の要素間の対応関係に着目して発想を得る．系統図法と組み合わせて活用することで，最適手段の選定を行うためにも活用する．
アロー・ダイヤグラム法	系統図で得られた最適手段の詳細な実施計画を作成し，重点管理工程を把握する．
PDPC 法	目的達成に至るプロセスにおける不測の事態をあらかじめ想定し，それに対処する手段を発想する．強制連結型と逐次展開型がある．
マトリックスデータ解析法	相互に関連のある複数のデータの変動を支配する潜在的要因を抽出する．

6.3 統計的方法

問題解決を行うためには事実（データ）が必要不可欠であるが，それらのデータはサンプリング誤差や測定誤差などによってばらついている．また，そのデータと相関関係あるいは因果関係をもつ変数による影響も受けてばらついている．こうしたデータのもつばらつきの原因を明らかにしようとすれば，ばらつきを確率変動ととらえて処理することのできる統計的方法が必要となる．統計的方法の考え方は，図6.1のように示すことができる．なお，統計的問題解決については，永田[21),22),23)]を参照されたい．

ここでは，統計的方法を問題解決に活用する際に注意すべきいくつかの点を述べるにとどめる．

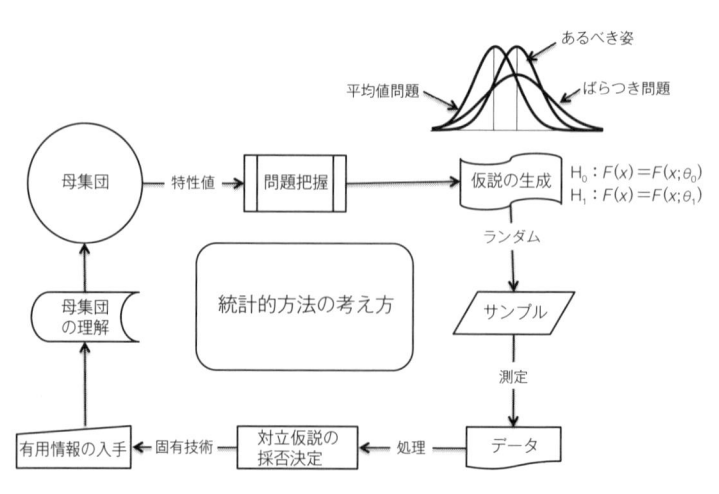

図 6.1 統計的方法の考え方

(1) 要因の解析

問題解決において統計的方法が活用される場面は，図 6.1 が示すように，表 3.3 の問題解決の手順における"要因の解析"である．そこでは，図 6.2 に示すように，単に統計的方法を駆使することよりも，データを収集する前段階に注意を払うことが大切である．

統計的方法に関する入門書やテキストは，数理統計学者によって執筆されることが多いためか，"…のニーズによって，母平均が向上したかどうかを知るため，以下のようなデータが得られた．これを解析せよ"，あるいは，"母平均を向上させるため，因子 A（2

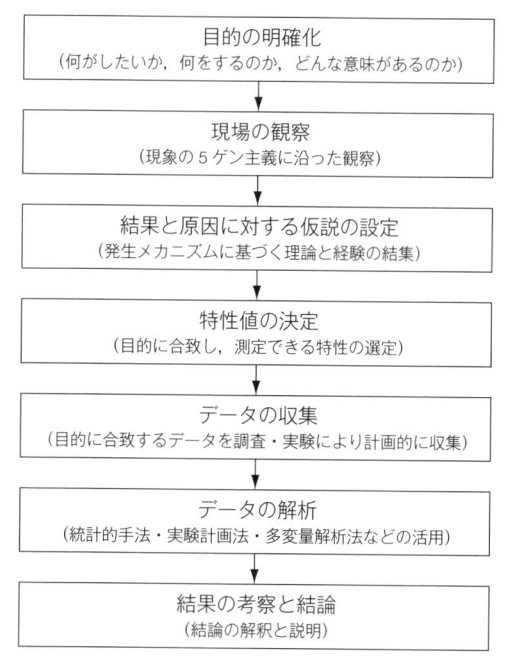

```
┌─────────────────────────────────┐
│         目的の明確化              │
│ (何がしたいか，何をするのか，どんな意味があるのか) │
└─────────────────────────────────┘
              ↓
┌─────────────────────────────────┐
│         現場の観察                │
│   (現象の 5 ゲン主義に沿った観察)    │
└─────────────────────────────────┘
              ↓
┌─────────────────────────────────┐
│     結果と原因に対する仮説の設定      │
│ (発生メカニズムに基づく理論と経験の結集) │
└─────────────────────────────────┘
              ↓
┌─────────────────────────────────┐
│         特性値の決定              │
│  (目的に合致し，測定できる特性の選定)  │
└─────────────────────────────────┘
              ↓
┌─────────────────────────────────┐
│         データの収集              │
│ (目的に合致するデータを調査・実験により計画的に収集) │
└─────────────────────────────────┘
              ↓
┌─────────────────────────────────┐
│         データの解析              │
│ (統計的手法・実験計画法・多変量解析法などの活用) │
└─────────────────────────────────┘
              ↓
┌─────────────────────────────────┐
│       結果の考察と結論            │
│      (結論の解釈と説明)           │
└─────────────────────────────────┘
```

図 6.2 要因の解析における基本手順

水準），因子 B（3 水準），因子 C（3 水準），因子 D（3 水準）を取り上げ，交互作用 A×B，B×C を考慮して，以下のように直交表 $L_{18}(2 \times 3^7)$ に割り付けた実験を行った．因子の効果及び最適条件について検討せよ"といった例題や練習問題が取り上げられる．

こうした解析方法を知ることも重要なことであるが，その前に，取り上げた実験因子は固有技術的に意味のあるものかどうかを明らかにすることに努力を払う必要がある．特に，少ないデータによって仮説を検証しようとする場合には，永田[24]が指摘するように，サンプルに対する測定誤差の大きさはどの程度か，測定誤差の大きさを考慮してサンプル数が採取されているかなどといった点に配慮する必要がある．

（2） 統計的方法は実証科学の一つ

統計的方法は実証科学であるということに注意したい．そのため，"対象とする母集団は何か"，"サンプルは母集団からランダムにとられているか"，"仮説は何か"，"検定方法は適当な検出をもっているか"，"母数に対する信頼区間や予測値に対する信頼区間は適切か"，"得られた結果は，技術的に妥当か"などといったことに注意を払わなければならない．

（3） 固有技術との融合

問題解決においては，現場で現物を見て現実を確認することに加え，問題の原因を原理・原則に則って考えること，すなわち，5 ゲン主義の考え方が必要である．また，微積分の問題を解くためには数学の知識が必要であって，電磁気問題には物理学や電気工学に関する知識や固有技術が必要である．このように，問題を解決するた

めには，統計的方法に加えて，5ゲン主義にいう観察力，そして固有技術が必要である．

(4) 多変量解析法

技術スタッフの扱う問題解決活動において，プロセスの現状を把握したり検証したりするために対象とする特性や要因が一つであるということはむしろまれである．そのため，複数の特性や要因を同時に取り扱うことのできる統計的方法として多変量解析法の果たす役割は大きい（図6.3参照）．最近でこそ，JUSE-Statworks（日本科学技術研修所）に代表される統計処理パッケージを安価に入手できるようになり，多変量解析法の活用される場面が増えてきている．しかし，特性の予測・制御・説明のための重回帰分析や数量化Ⅰ類，判別分析や数量化Ⅱ類と，情報縮約や構造解析のための主成分分析や因子分析及び数量化Ⅲ類の適用にとどまり，仮説を積極的にモデル化し，これを検証するための検証的因子分析，共分散構造分析あるいは潜在構造分析［狩野ほか[16]］などの適用事例は少ない．これらについては，今後に期待したい．

(5) 統計的方法の限界

このように問題解決において有効な統計的方法にも限界があるということを知っておく必要がある．特殊な状況を除いて，帰無仮説を採用することができないこと，因果関係を事後に推測することはできないこと，採取したデータの範囲を超えた推測（外挿という）は行えないこと，相関関係と因果関係は異なることなどである．特に，相関関係と因果関係の違いに注意することが大切である．

第 6 章 問題解決に有効な方法

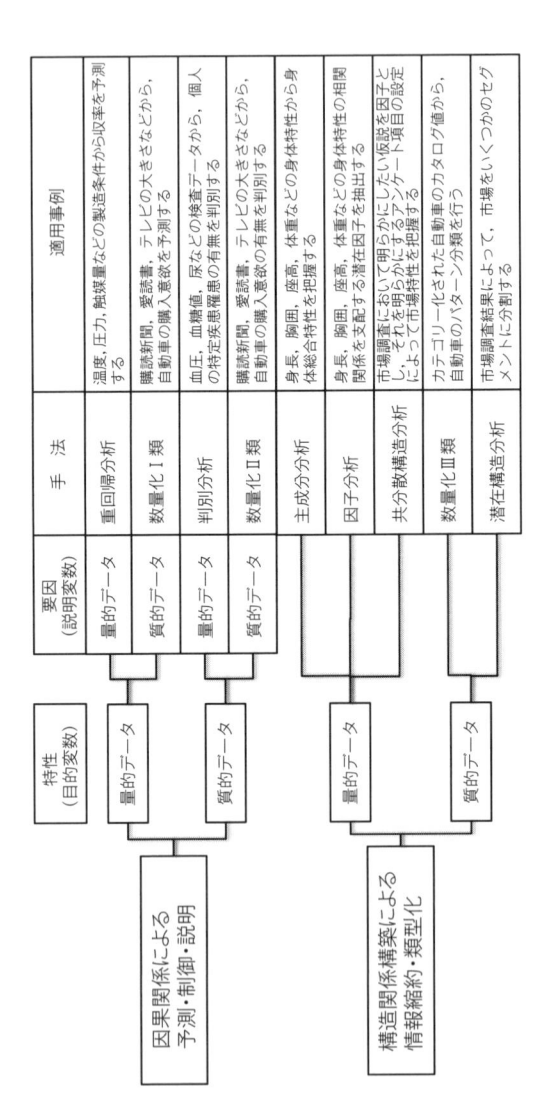

特性 (目的変数)	要因 (説明変数)	手法	適用事例
量的データ	量的データ	重回帰分析	温度、圧力、触媒量などの製造条件から収率を予測する
	質的データ	数量化Ⅰ類	購読新聞、要読書、テレビなどを予測する、自動車の購入意欲を予測する
質的データ	量的データ	判別分析	血圧、血糖値、尿などの検査データから、個人の特定疾患罹患の有無を判別する
	質的データ	数量化Ⅱ類	購読新聞、要読書、テレビの大きさなどから、自動車の購入意欲の有無を判別する
量的データ		主成分分析	身長、胸囲、座高、体重などの身体特性から身体総合特性を把握する
		因子分析	身長、胸囲、座高、体重などの身体特性の相関関係を支配する潜在因子を抽出する
		共分散構造分析	市場調査において明らかにしたい仮説を因子としてそれを明らかにするアンケート項目の設定によって市場特性を把握する
質的データ		数量化Ⅲ類	カテゴリー化された自動車のカタログ値の分類を行う
		潜在構造分析	市場調査結果によって、市場をいくつかのセグメントに分割する

因果関係による
予測・制御・説明 ← 量的データ / 質的データ (要因側)

構造関係構築による
情報縮約・類型化 ← 量的データ / 質的データ

図 6.3 多変量解析法の特徴

6.4 ギャップ分析法

事務・管理部門における問題解決においては，何かの問題を解決する前に，自己の提供している顧客価値を再構築することで，"何を（What）"問題として取り上げるべきかを明らかにしなければならない場合もある（図6.4参照）．

このような部門では，QC七つ道具や統計的方法よりも，言語情報や画像情報を活用することが多く，新QC七つ道具を活用する場面がある．これについては，拙著『新QC七つ道具の基本と活用』を参照してほしい．

ここでは，事務・間接部門において活用が期待される方法としてギャップ分析法を概説する．たとえば，新製品売上高という特性に対する現状と目標値（あるべき姿）のギャップ（＝課題）に対し

```
┌─────────────────────────┐  ┌─────────────────────────┐
│     望ましくない結果      │  │   環境変化への遅い対応    │
└─────────────────────────┘  └─────────────────────────┘
・提供する資料や情報における不良と手直し   ・労働生産性の低さ
・活用されない資料や情報への資源投資       ・意思決定のスピード不足
・資料や情報の停滞                         ・リードタイムの長い業務プロセス
・計画の甘さに起因する機会損失             ・企業競争優位要因への貢献度不足
・長いサイクルタイムと不適切な対応         ・利害関係者との関係構築への貢献
・不必要な調整と調節                         度不足
・思考方法に対する標準化遅れ               ・情報技術の活用度不足

              ↓
┌─────────────────────────────────┐
│   顧客視点からの価値再構築が必要    │
└─────────────────────────────────┘
```

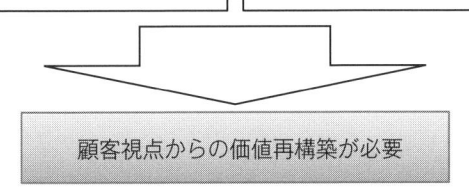

図 6.4 事務・管理部門における顧客価値再構築の必要性

て，売上高を構成する要因系の項目である"方法"，"設備・材料"，"ひと"，"情報"，"予算"などに対する"あるべき姿"と"現状"とのギャップ（＝問題）を明らかにし，それらのギャップを埋めるための"攻め所候補"を列挙する．得られた"攻め所候補"を評価した後，"攻め所候補"を攻めるための手段を発想，それらを評価することによって実施すべき手段系列を明確にする．その後，それぞれの手段系列に対する"成功のシナリオ"を作成することで，問題を解決しようとする方法がギャップ分析法である（図6.5参照）．なお，成功のシナリオを実施に移す際に発生の懸念される不測事態をあらかじめ明らかにして，問題に備える方法としてPDPC法の活用が望まれる．

6.5 ＫＴ法

現在発生している問題と将来を予知したときに対処すべき問題などに対する解決手段を，様々なリスクを考慮しつつ最適化する方法としてケプナー＆トリゴー[25]が提唱した問題解決法である（図6.6参照）．

6.6 ブレークスルー思考法

ナドラー[26]は，"問題とは，変化に対応したり環境に適応したりするために，自己を計画的，規則的に変えようとするニーズ以外の何ものでもない"と考えた．また，"解決策とは，自己を環境の変

6.6 ブレークスルー思考法

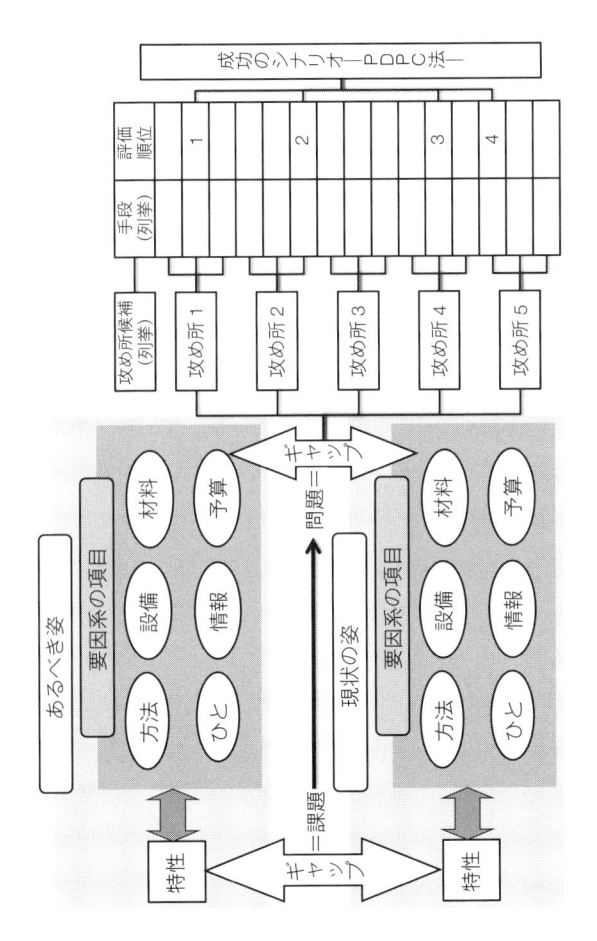

図 6.5 ギャップ分析法の概念図

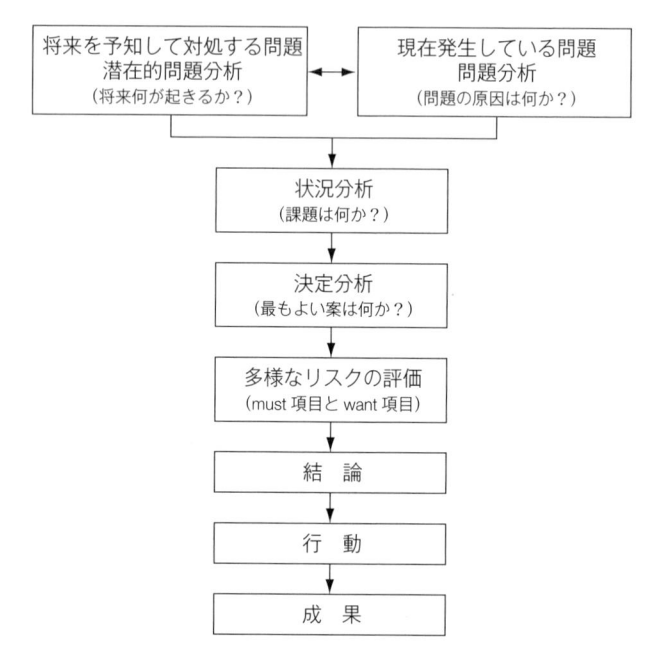

```
┌─────────────────────────┐   ┌─────────────────────────┐
│ 将来を予知して対処する問題 │←→│  現在発生している問題   │
│     潜在的問題分析       │   │       問題分析         │
│   (将来何が起きるか？)    │   │   (問題の原因は何か？)   │
└───────────┬─────────────┘   └─────────────────────────┘
            │
            ▼
      ┌──────────────┐
      │   状況分析    │
      │ (課題は何か？)│
      └──────┬───────┘
             ▼
      ┌──────────────┐
      │   決定分析    │
      │(最もよい案は何か？)│
      └──────┬───────┘
             ▼
      ┌────────────────────┐
      │  多様なリスクの評価  │
      │ (must 項目と want 項目)│
      └──────┬─────────────┘
             ▼
         ┌───────┐
         │ 結 論 │
         └───┬───┘
             ▼
         ┌───────┐
         │ 行 動 │
         └───┬───┘
             ▼
         ┌───────┐
         │ 成 果 │
         └───────┘
```

図 6.6 KT 法の概念図

化に適応させ，うまくバランスを調整・維持するために，自己，機構，制度，企業方針などを意図的に変化させる試みである"と定義した．そのうえで，問題解決で本質的なものは手順ではなく，原則であると主張し，図 6.7 のブレークスルー思考の七つの原則を提唱した．その詳細は参考文献に委ねる．

> ① ユニークな差の原則
> ② 目的展開の原則
> ③ 先の先を見た"あるべき姿"の原則
> ④ システム思考の原則
> ⑤ 目的"的"情報収集の原則
> ⑥ 参加・巻き込みの原則
> ⑦ 継続的変革の原則

図 6.7 ブレークスルー思考法の七つの原則

6.7 数理的な最適化法

数理的な最適化法とは，問題を解決するため，現実を問題として定式化・モデル化したうえで，そのモデルを操作することによって最適解を得ようとする考え方であって，損益分岐点を決定するための Cost-Value-Profit 分析，在庫管理方式決定モデル，線形計画法，動的計画法などのモデルが知られている．

そこでは，目的特性 y に影響を与える p 次元制御変数ベクトル x と q 次元環境変数（非制御変数）ベクトル z との関係を

$$y = f(x,z;\theta)$$

として定式化・モデル化し，これを制約条件

$$\begin{cases} \phi_1(x,z) \geqq 0 \\ \phi_2(x,z) \geqq 0 \end{cases}$$

のもとで最大化又は最小化することで，問題解決を行うものである．したがって，"意思決定者が誰か"，"意思決定者の目的は何か"，"制御可能な変数は何か"，"制御不可能な変数は何か" という問題における構成要素を明確にしておくことが必要である．

6.8 野外科学法

問題解決を行うためには，これまでの例が示すように，帰納的推論法と演繹的推論法に代表される科学的弁証法が活用されてきた．しかし，国際社会・政治・経済における環境変化が激しく，顧客要求が高度化・多様化する企業環境に的確に対応するためには，演繹的なものの考え方や帰納的な推論の方法のみでは不十分であって，観測された事実に基づいて将来の方向性を明らかにする"説明仮説生成法"が必要である．そこで展開される推論を象徴的に例示すると，次のようになる［森田[27]］．

現象A：この鉄は膨張した（そして鉄は金属である）．

現象B：すべての金属は熱したら膨張する．

仮説：この鉄が膨張したのは，熱せられたからである．

ここでは，Aという現象とBという現象の発生を説明する仮説を生成している．得られる推論結果（仮説）には誤りが含まれることもあるが，多数の観察結果から，それらを説明することができる（と考えられる）最も妥当な仮説を生成するものである．未来・将来の"あるべき姿"を設定する"目的探索型問題"を解決する際に有効な推論法である．企業を取り巻く環境変化に対応した部門の重点課題を年度方針として取り上げる立場にある部課長には，ぜひとも身につけてほしい推論法であって，川喜田[11),12)]や梅棹[28)]あるいは中山[29)]における言語データを活用する各種発想法や新QC七つ道具における親和図法などが提案されている（詳細は，近刊の拙著『新QC七つ道具―混沌の中に戦略と戦術を求める方法』を参照

してほしい).

第7章 問題解決を通じた組織能力構築とその向上

7.1 組織能力とは

　本書の副題は，"問題の発見と解決を通じた組織能力構築"であるが，これまでは課題達成や問題解決を通じた個人やチームの能力構築とその向上について述べてきた．本書の最終章となる本章では，このサブテーマについて考えたい．

　"組織能力とは何か"を明示的に述べたものとして，藤本[30]は，

① ある経済主体がもつ経営資源・知識・組織ルーチンなどの体系であり，

② その企業独特のものであり，

③ 他者がそう簡単には真似できない（優位性が長持ちする）ものであり，

④ 結果としてその組織の競争力，生存能力を高めるもの

と定義している．そして，モノづくりにおける組織能力構築の概念を図7.1によって説明している．

　一方，飯塚[31]は，"…組織は，組織能力像を明確にし，これに基づいて，事業活動の成功・失敗要因を考察しつつ，組織が保有すべき能力と現実に保有している能力とを比較することによって，重視

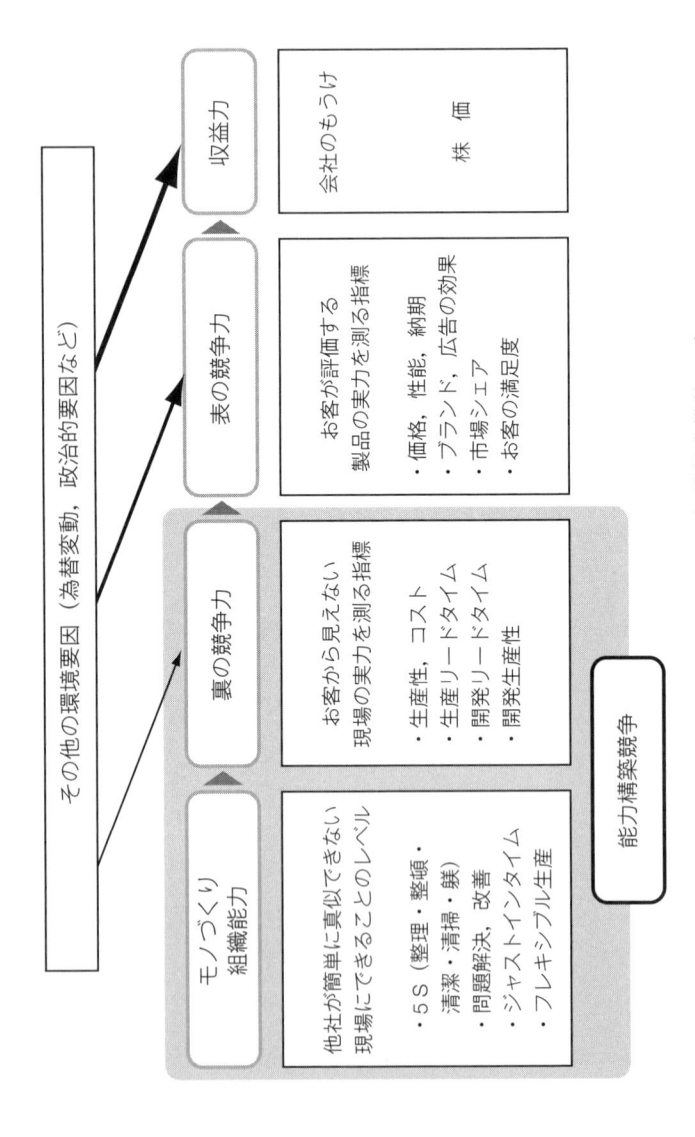

図 7.1 モノづくりにおける組織能力構築モデル

すべき質マネジメントシステムの要素を明らかにして，組織にふさわしい質マネジメントシステムを構築すべきである"と述べている．そして，"組織能力像とは，製品・サービスを通じた顧客価値提供のために組織が保有すべき能力のうちで，組織の特徴を踏まえた勝ちパターンのストーリー及び事業成功のシナリオに基づき，事業成功要因及び競争優位要因の視点から，重要な能力として抽出され，明確にされた，組織のあるべき姿としての能力像のことである"と述べている．また，その概念を図7.2のモデルによって説明している．

本章においては，藤本[30]や飯塚[31],[32]が定義したように，組織能力を，"組織の持続的成功を裏付ける組織独自の経営資源，知識，システムの体系である"と定義する．このように定義することで，野中[33]が定義する知識創造企業における"学習"の重要性が理解でき，組織能力の重要な構成要素が，経営資源としての"ひと，もの，かね"と知識，情報，技術，システムであることが理解できる．

7.2　組織能力の構築と向上

組織（会社や事業部）が持続的成長を図るための組織能力の構築と向上を推進するには，

- 組織が対象としている事業領域における顧客や市場の潜在的あるいは顕在的なニーズを理解する
- 競合の状況を理解する

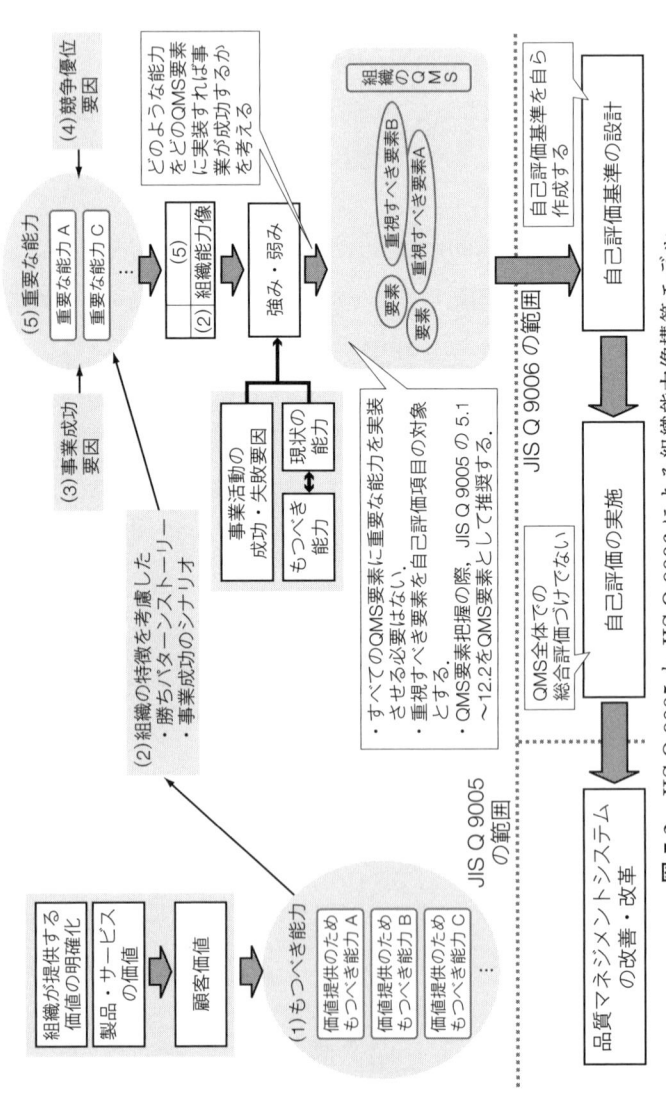

116　第7章　問題解決を通じた組織能力構築とその向上

図 7.2　JIS Q 9005 と JIS Q 9006 による組織能力像構築モデル
※筆者が一部を修正している

- 組織の強みと弱みを理解する
- 組織がもつ競争能力要因と事業成功要因及び成功シナリオを理解する

ことが大切である．このためには，SWOT分析や3C（Customer, Competitor, Company）分析あるいはPPM（プロダクト・ポートフォリオ・マネジメント）などによる現状分析が重要である．特に，品質マネジメントや方針管理との関係においては，飯塚[32]，長島[34]及び長田ほか[35]が指摘するように，以下の手順1～10に対するPDCAサイクルを回すことが重要である．なお，詳細については，これらの文献及びその参考文献を参照されたい．

手順1　業界全体を取り巻く経営環境の分析

　収集された情報の信頼性，鮮度，妥当性などを確認し，環境を含めた法規制の動向や社会の要求などが経営に及ぼす影響を理解する．そのうえで，事業領域におけるコア技術の他社を含めた動向や代替技術の可能性などを理解する．

手順2　対象とする市場及び顧客の分析

　市場を地理的・人口統計学的・心理的・行動的にセグメント化し，その市場規模の推移や自社製品の市場におけるポジショニングなどを理解する．また，顧客特性（性別・年齢・居住地域・ライフスタイルなど）ごとの顧客ニーズや，購入製品種別，購入額，購入頻度，購買動機などを理解する．

手順3　提供している製品・サービスの市場分析

　自組織を含めた競合他社の市場シェア，利益率の推移を理解す

る．このためには，PPMの考え方と手法が役立つ．また，自社及び他社が市場に提供している製品やサービスに対する品質・価格・納期などに対する定量的分析を行うことも重要である．

手順4　顧客価値と顧客価値をもつ製品やサービスの明確化

手順1〜3における分析を通じて，顧客価値（顧客が製品・サービスのどのような側面を認めて購入しているか）を明確化し，自組織が競争優位を維持して持続可能な成長を実現するための製品やサービスを明確にする．

手順5　自組織の強み・弱みの明確化

これまでの成功事例や失敗事例に対するSWOT分析を行うことで自組織の成功要因と失敗要因を明らかにする．なお，SWOT分析によって，ある事業領域で，あるビジネスを展開するときにもっていなければならない能力と現実に保有している能力とを比較して得られる強み・弱みとしての組織能力が明らかになると期待される．しかし，現状分析において検討対象とした過去の成功体験や失敗体験の因果構造に対するSWOT分析では，現時点での自己の能力像が得られるにすぎない．

手順6　顧客価値提供に必要な能力の明確化

製品やサービスの提供によって顧客価値を最大化するために自組織がもつべき，人，設備・装置，技術・方法，材料・部品などの4Mと，財務，情報，知識などにかかわる能力を列挙する．このとき，沖本[36]におけるタートルチャートの考え方と手法が有効である．

手順7　成功シナリオの分析

事業領域の特性を考えたとき，事業戦略が成功するための"ある

べき姿"としてのシナリオを明らかにする．ここでは，新 QC 七つ道具における PDPC 法や，納谷[37]の提唱した QFD と PDPC の融合による QNP 法などが有効である．

手順 8　競争優位要因の明確化

ある事業領域で，あるビジネスを展開したとき，その事業が競争に勝ち続けるために研究，開発，生産，販売などの諸機能がもっていなければならない技術・技能，マネジメント，人事などにおける競争能力を明確にする．

手順 9　事業成功要因の明確化

事業を構成する重要な要素を研究，開発，生産，販売などの機能部門と品質・原価・納期・安全などの経営要素に二元分類して，事業の特性に応じた戦略を抽出し，戦略を構成する重要な経営要素を絞り込む．

手順 10　組織能力の明確化

組織の強みと弱みを考慮した事業成功のシナリオを考察し，手順 6 で列挙した能力のうち，競争優位要因及び事業成功要因の視点から重要な能力としての組織能力を特定する．そのためには，手順 6 で明らかとなった製品やサービスに対する顧客価値を提供するために，本来もつべき能力と現時点でもっている能力を比較したうえで，手順 5 において明確となった自組織の強み・弱み，手順 7 における事業成功シナリオ，手順 8 における競争優位要因，手順 9 における事業成功要因を考慮して，組織が保有すべき組織能力を明確にする．

120　第 7 章　問題解決を通じた組織能力構築とその向上

(1) 価値提供と必要能力
- 市場・競合分析を通じた製品やサービスに求められるニーズの明確化
- 製品やサービスを通じて自組織が顧客に提供している価値の明確化
- 提供価値を生み出すために、組織がもつべき能力の明確化

(2) 強みと弱み
過去から現在までの成功例や失敗例に学び、自組織の強みと弱みの明確化

(4) 競争優位要因
ある事業領域で、あるビジネスの仕方をしたとき、当該事業が競争に勝ち続けるために研究、開発、生産、販売などの機能部門がもっていなければならない技術・技能・マネジメント、人事などにおける競争能力の明確化

(3) 成功シナリオ
事業領域を考えたときの成功シナリオ作成

(5) 事業成功要因
事業を構成する重要な要素を研究、開発、生産、販売などの機能と品質、コスト、納期、安全などの要素に二元分類し、事業の特性に応じた戦略の抽出による戦略の構成要素の明確化

組織能力の特定
(1)〜(5)による保有すべき、又は、強化すべき重要な能力の特定

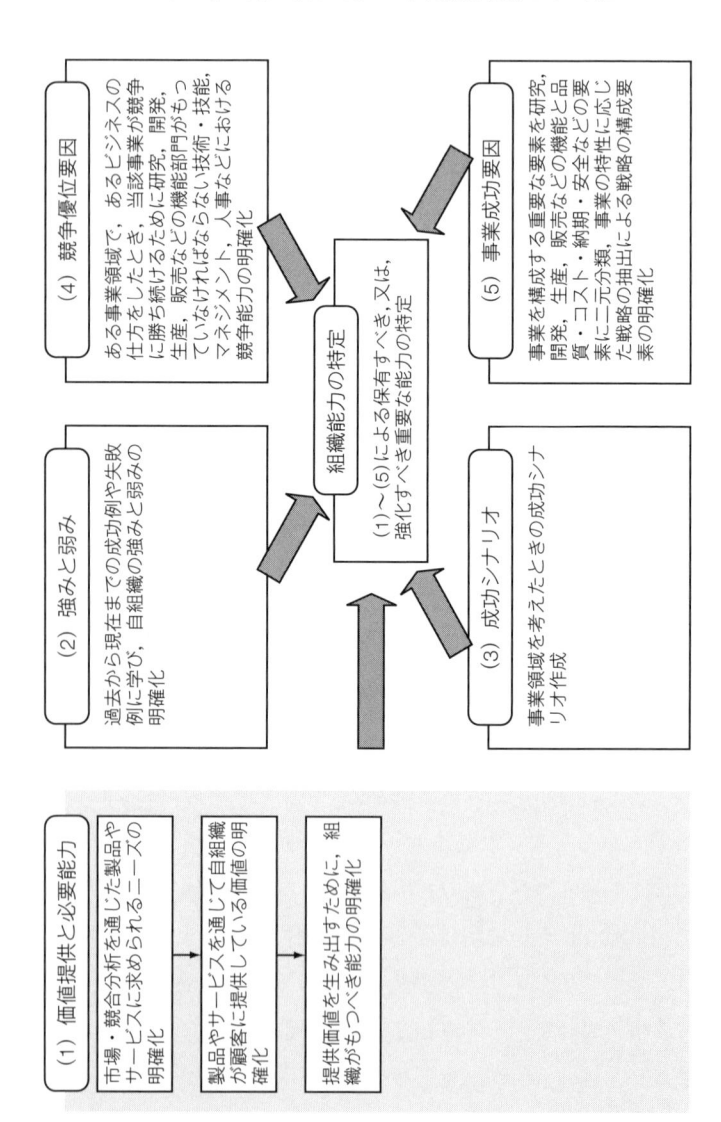

図 7.3　組織能力の構築と向上

以上の手順1〜10のPDCAサイクルを通じて，組織能力を構築し，向上することができる（図7.3参照）．

7.3 問題解決を通じた組織能力向上

組織能力を向上するためには，上述したように手順1〜10の実践を通じたPDCAサイクルが必要であり，それは個別の重点課題達成や重要問題解決のためのPDCAサイクルを通じた学習によって達成される．このための考え方や手法については，本書においてすでに詳しく述べてきた．

ガービン[38]は，学習する組織を確立するために必要な要素として，

① 学習する組織の定義
② 学習する組織のマネジメント
③ 学習する組織の評価基準

が重要であると指摘した．そして，"学習する組織のマネジメント"を成功させるためには，組織において，

・システマティックな問題解決
・新しい考え方や方法の実験
・自社の経験や歴史からの学習
・他社の経験やベストプラクティスからの学習
・迅速かつ効果的な知識の移転

が認識され，具体的手法や行動パターンなど，あらゆるレベルで明確化されなければならないと指摘した．特に，"システマティック

な問題解決"においては,

- 科学的手法に基づいて問題を診断する
- 意思決定の前提として仮定でものをいうのではなく,データに基づく
- データを整理したり,推論を引き出したりするための統計的手法を利用する

ことの重要性を指摘して,ゼロックスの問題解決プロセスを紹介した(表7.1参照).

あらゆる組織が,その組織能力を構築し,向上させるためには,カービン[38]が提唱するように,学習する組織のマネジメントを通じた組織としての"技術,システム,ひと"に関する能力構築と向上が必要である.このプロセスは,本書において述べた問題解決プロセスそのものである.

7.3 問題解決を通じた組織能力向上

表 7.1 ゼロックスの問題解決プロセス

ステップ Step	考えるべき課題 Question to be Answered	拡大／分散 Expansion/ Divergence	絞り込み／統合 Contraction/ Convergence	次に何が必要か What's Needed to go to the Next Step
1 問題を理解し,選択する	何を変えようとしているのか.	多くの問題を考慮する.	一つの問題につき一つのあるべき姿について合意する.	・現状とあるべき姿のギャップを理解する. ・あるべき姿を観察可能なかたちで表現する.
2 問題を分析する	あるべき姿へ到達する際の障害は何か.	多くの原因を検討する.	主な要因を実証的に確認する.	主な要因のデータの裏づけを取り,重要度に従ってランクづける.
3 解決策の選択肢を用意する	どうしたら変えられるか.	問題を解決するための多くのアイデアを出す.	解決案を明確にする.	解決案のリスクを作成する.
4 解決策を選択し実行計画を立てる	どの方法がベストか.	・解決案を選択するために複数のクライテリアを明確にする. ・選択された解決案の実践と評価のための多くのアイデアを出す.	・解決案を評価するためのクライテリアについて合意する. ・解決案を実践する方法とその評価方法について合意する.	・解決案の有効性と評価するための測定基準を設ける. ・変化を起こし,これをモニターする計画を立てる.
5 解決策を実践する	計画は順調か.		(必要に応じて)コンティンジェンシー・プランを実践する.	解決策を適用する.
6 解決策を評価する	どのくらいうまくいったのか.		・効果的な解決策について合意する. ・未解決の問題があれば,それを確認する.	・問題は解決されたかどうかを検証する. ・未解決の問題について言及することに同意する.

引用・参考文献

1) 細谷克也(1984)：QC 的ものの見方・考え方，日科技連出版社
2) 谷津進(1995)：品質管理の実際，日経文庫
3) 遠藤功(2005)：見える化―強い企業をつくる「見える」仕組み，東洋経済新報社
4) 石川馨(1989)：第 3 版品質管理入門，日科技連出版社, pp.283-284, p.824, p.202
5) 狩野紀昭監修，八丹正義，市川享司，国分正義編(1994)：課題達成型 QC ストーリー活用事例集―QC サークルの新しい挑戦，日科技連出版社
6) 久保田洋志(2008)：JSQC 選書 2 日常管理の基本と実践―日常やるべきことをきっちり実施する，日本規格協会
7) 飯塚悦功(2008)：JSQC 選書 1 Q-Japan―よみがえれ，品質立国日本，日本規格協会
8) 加藤雄一郎(2009)：JSQC 選書 9 ブランドマネジメント―究極的なありたい姿が組織能力を更に高める，日本規格協会
9) 鈴木和幸(2004)：未然防止の原理とそのシステム―品質危機・組織事故撲滅への 7 ステップ，日科技連出版社
10) 中條武志(2010)：JSQC 選書 11 人に起因するトラブル・事故の未然防止と RCA―未然防止の視点からマネジメントを見直す，日本規格協会
11) 川喜田二郎(1967)：発想法，中公新書
12) 川喜田二郎(1970)：続・発想法，中公新書
13) チャールズ・パース著，伊藤邦武訳(2001)：連続性の哲学，岩波文庫
14) 細谷克也(1989)：問題解決力を高める QC 的問題解決法，日科技連出版社
15) 納谷嘉信(1982)：TQC 推進のための方針管理，日科技連出版社
16) 狩野裕，三浦麻子(2002)：AMOS, EQS, CALIS によるグラフィカル多変量解析―目で見る共分散構造分析，現代数学社
17) 狩野紀昭ほか(1982)：設計トラブル低減を目的とした T 型マトリックスの活用(その 1)，(その 2)，品質管理，Vol.33, 11 月臨時増刊号, pp.339-354
18) 鈴木和幸編著，CARE 研究会，信頼性技術叢書編集委員会監修(2008)：信頼性技術叢書 信頼性七つ道具 R7，日科技連出版社

19) 濱口哲也(2010)：知識も組織も上に登らなければ水平展開はできない，日科技連ニュース，No.87，2010年9月号，日本科学技術連盟
20) 久米均(1999)：設計開発の品質マネジメント，日科技連出版社
21) 永田靖(1992)：入門統計解析法，日科技連出版社
22) 永田靖(1996)：統計的方法のしくみ，日科技連出版社
23) 永田靖(2000)：入門実験計画法，日科技連出版社
24) 永田靖(2003)：サンプルサイズの決め方，朝倉書店
25) チャールズ・ケプナー，ベンジャミン・トリゴー著，上野一郎訳(1985)：新・管理者の判断力―ラショナル・マネジャー，産業能率大学出版部
26) ジェラルド・ナドラー著，日比野省三訳(1997)：新ブレークスルー思考―ニュー・コンセプトを創造する7つの原則，ダイヤモンド社
27) 森田邦久(2010)：理系人に役立つ科学哲学，化学同人
28) 梅棹忠夫(1969)：知的生産の技術，岩波新書
29) 中山正和(1970)：発想の論理―発想技法から情報論へ，中央公論社
30) 藤本隆宏(2003)：能力構築競争，中公新書
31) 飯塚悦功監修(2006)：持続可能な成長を実現する質マネジメントシステム―JIS Q 9005/9006ガイド，日本規格協会
32) 飯塚悦功(2009)：現代品質管理総論，朝倉書店
33) 野中郁次郎(2007)：ナレッジ・クリエイティブ・カンパニー，組織能力の経営論―学び続ける企業のベスト・プラクティス，第1章，ダイヤモンド社
34) 長島牧人(1997)：戦略立案のテクニック，日科技連出版社
35) 長田洋ほか(1996)：TQM時代の戦略的方針管理，日科技連出版社
36) 沖本一宏(2010)：タートルチャート活用によるプロセスアプローチの実践，日科技連出版社
37) 納谷嘉信監修(1990)：研究開発とTQC，日本規格協会
38) デイビッド，ガービン(2007)，学習する組織の実践プロセス，組織能力の経営論―学び続ける企業のベスト・プラクティス，第2章，ダイヤモンド社

あ と が き

　問題解決法は，企業活動における経営トップの中長期経営計画策定，部課長の方針管理におけるプロジェクト活動や部門横断的なクロスファンクショナル活動，そして日常管理としての部門別活動や機能別活動あるいは職場第一線におけるQCサークル活動まで，すべての階層の全員参加によって行われる活動である．その目的は，企業の社会的責任を達成するためであり，企業の競争優位要因となる"ひと"の育成にある．したがって，企業のすべての構成員が，問題解決法の基本を理解し，効果的・効率的に活用できるようになるための教育プログラムと教育体系を構築・運用する必要があり，その成否が企業競争力を左右する．

　本書では，こうした観点から問題解決における基本的な考え方と方法について説明した．特に，問題把握の重要性とそのための方法について多くのページ数を割いて説明した．しかし，個別の方法に対する詳細な説明を与えるだけのスペースがなかったため，それらは専門書に委ねている．読者が，本書を読破された後，参考文献に挙げた専門書を手にとりたいと考えるならば，筆者にとって望外の喜びとするところである．

索　　引

【アルファベット】

KKD　45
KT法　106
QCストーリー　45
QNP法　119
Stress-Strengthモデル　92
W型問題解決モデル　50

【あ行】

維持問題　31
応急処置　43
折れ線グラフ　62

【か行】

回帰分析　69
改善問題　32
活力　22
技術力　22
ギャップ分析法　105
偶発故障型故障　40
計数値データ　59
系統図　94
計量値データ　60
恒久処置　43
顧客価値極大化　15
故障モード　93

混沌の整理　54

【さ行】

再発防止処置　45
再利用可能な知　18
散布図　67
時系列グラフ　62, 83
資源極小化　15
初期故障型故障　40
数理的な最適化法　109
制約条件　90
設定型問題　26
説明仮説生成法　110
組織能力　113
　——構築　113
　——像　115

【た行】

タートルチャート　118
対応力　21
チェックシート　59
統計的方法　100
特性要因図　64
突発的問題　41

【は行】

パス解析法　70

発生型問題　26
ばらつき問題　33
パレート図　63, 66
ヒストグラム　60
ブレークスルー思考法　106
プロセス管理計画　16
平均値問題　32
方針管理　36

【ま行】

摩耗故障型故障　40
慢性的問題　41
見える化　17

未然防止処置　45
問題　13
　——の整理　54
　——の把握　54

【や行】

よい異常　63

【ら行】

離散型発生問題　40
連関図　87
連続型発生問題　40

JSQC選書 17

問題解決法
問題の発見と解決を通じた組織能力構築

定価：本体 1,500 円（税別）

2011 年 11 月 28 日　第 1 版第 1 刷発行

監 修 者	社団法人	日本品質管理学会
著　　者	猪原	正守
発 行 者	田中	正躬
発 行 所	財団法人	日本規格協会

〒 107-8440　東京都港区赤坂 4 丁目 1-24
　　　　　　http://www.jsa.or.jp/
　　　　　　　振替　00160-2-195146

印 刷 所　日本ハイコム株式会社
製　　作　有限会社カイ編集舎

© Masamori Ihara, 2011　　　　　　Printed in Japan
ISBN978-4-542-50469-1

```
当会発行図書，海外規格のお求めは，下記をご利用ください．
　出版サービス第一課 :(03)3583-8002
　書店販売 :(03)3583-8041　　注文 FAX:(03)3583-0462
　JSA Web Store:http://www.webstore.jsa.or.jp/
編集に関するお問合せは，下記をご利用ください．
　編集第一課 :(03)3583-8007　　FAX:(03)3582-3372
●本書及び当会発行図書に関するご感想・ご意見・ご要望等を，
　氏名・年齢・住所・連絡先を明記の上，下記へお寄せください．
　　e-mail:dokusya@jsa.or.jp　　FAX:(03)3582-3372
　（個人情報の取り扱いについては，当会の個人情報保護方針によります．）
```

JSQC選書

JSQC(日本品質管理学会) 監修
定価 1,575 円, ⑩のみ定価 1,785 円

① **Q-Japan**
　― よみがえれ, 品質立国日本
　　　　　　　　　　　　　　　　　飯塚　悦功　著

② 日常管理の基本と実践
　― 日常やるべきことをきっちり実施する
　　　　　　　　　　　　　　　　　久保田洋志　著

③ 質を第一とする人材育成
　― 人の質, どう保証する
　　　　　　　　　　　　　　　　　岩崎日出男　編著

④ トラブル未然防止のための知識の構造化
　― SSMによる設計・計画の質を高める知識マネジメント
　　　　　　　　　　　　　　　　　田村　泰彦　著

⑤ 我が国文化と品質
　― 精緻さにこだわる不確実性回避文化の功罪
　　　　　　　　　　　　　　　　　圓川　隆夫　著

⑥ アフェクティブ・クオリティ
　― 感情経験を提供する商品・サービス
　　　　　　　　　　　　　　　　　梅室　博行　著

⑦ 日本の品質を論ずるための品質管理用語 85
　　　　　　　　　　　　　　　　　(社)日本品質管理学会
　　　　　　　　　　　　　　　　　標準委員会　編

⑧ リスクマネジメント
　― 目標達成を支援するマネジメント技術
　　　　　　　　　　　　　　　　　野口　和彦　著

⑨ ブランドマネジメント
　― 究極的なありたい姿が組織能力を更に高める
　　　　　　　　　　　　　　　　　加藤雄一郎　著

日本規格協会　http://www.webstore.jsa.or.jp/

JSQC選書

JSQC(日本品質管理学会) 監修
定価 1,575 円, ⑩のみ定価 1,785 円

⑩ シミュレーションとSQC
  ―場当たり的シミュレーションからの脱却
  吉野　睦
  仁科　健　共著

⑪ 人に起因するトラブル・事故の未然防止とRCA
  ―未然防止の視点からマネジメントを見直す
  中條　武志　著

⑫ 医療安全へのヒューマンファクターズアプローチ
  ―人間中心の医療システムの構築に向けて
  河野龍太郎　著

⑬ QFD
  ―企画段階から質保証を実現する具体的方法
  大藤　正　著

⑭ FMEA辞書
  ―気づき能力の強化による設計不具合未然防止
  本田　陽広　著

⑮ サービス品質の構造を探る
  ―プロ野球の事例から学ぶ
  鈴木　秀男　著

⑯ 日本の品質を論ずるための品質管理用語 Part 2
  (社)日本品質管理学会
  標準委員会　編

⑰ 問題解決法
  ―問題の発見と解決を通じた組織能力構築
  猪原　正守　著

⑱ 工程能力指数
  ―実践方法とその理論
  永田　靖
  棟近　雅彦　共著

日本規格協会　http://www.webstore.jsa.or.jp/